VENEZUELA JUEGO TRANCADO

Informe Otálvora 2019 - 2020

Edgar C. Otálvora

Por y para Olga
como siempre

CONTENIDO

1. JUEGO TRANCADO

Una sensación de juego trancado en la crisis venezolana cobró cuerpo en los medios políticos y diplomáticos de los principales actores internacionales involucrados. Corría el mes de mayo de 2020. Mientras, la Casa Blanca filtraba información sobre cierto malestar de Donald Trump ante la falta de una pronta resolución en Venezuela y en diversas cancillerías comenzaban a considerar la necesidad buscar nuevos canales para una salida política.

El 30ABR19 Caracas amaneció conmocionada por un intento de insurrección militar en el cual estaba comprometido el presidente interino Juan Guaidó en un intento para derrocar a Nicolás Maduro. El plan de la intentona había sido ideado y motorizado por el líder opositor Leopoldo López, jefe político de Guaidó y quien hasta ese día permanecía en condición de prisión domiciliaria. El plan, según rápidamente reveló desde Washington el embajador Ellio Abrams, involucraba a tres altos jerarcas del régimen: el ministro de Defensa general Vladímir Padrino, el presidente del Tribunal Supremo de Justicia Maikel Moreno y el comandante de la Guardia de Honor Presidencial Iván Rafael Hernández Dala quien ejercía simultáneamente además como jefe del aparato de inteligencia militar. El organizador militar del levantamiento había sido el general Manuel Cristopher Figuera quien para la fecha ejercía como jefe de la policía política SEBIN.

El plan suponía la emisión de una sentencia por parte del Tribunal Supremo de Justicia que dejaba sin efecto las elecciones del 20MAY18 y en consecuencia desconocía el mandato de Nicolás Maduro. La movilización militar no se produjo, los altos jerarcas no cumplieron sus promesas golpistas, no se produjo una masiva respuesta civil ante la convocatoria de Guaidó, López optó por refugiarse en la Embajada de Chile inicialmente y luego en la de España, mientras Figuera huía camino a los EEUU. Padrino, Moreno y Hernández continuaron ocupando sus altos cargos en el régimen. La opción putschista había resultado en un fiasco que desató una nueva ola represiva contra la oposición.

******

El Secretario de Estado de EEUU, Mike Pompeo, sostuvo un encuentro con su colega ruso Serguéi Lavrov el 06MAY19 en Rovaniemi, Finlandia. La crisis venezolana formó parte de una conversación en la cual se acordó la realización de un viaje oficial de dos días de Pompeo a Rusia, durante el cual el enviado de EEUU sostendrá reuniones de trabajo con Lavrov y será recibido por Vladimir Putin. El "tema Venezuela" se está mezclando en el listado de asuntos que confrontan a Washington y Moscú. Según un vocero oficial del Departamento de Estado, Pompeo lleva en su carpeta los temas de acuerdos armamentistas, Siria, Corea, Irán, Ucrania y Venezuela. Lavrov llevaría también su carpeta con temas a las reuniones que tendrán lugar en Sochi. Putin está disfrutando de su rol como gran protector del régimen de Maduro e incluso el propio Trump, tras una conversación el 03MAY19, afirmó que el mandatario ruso "no está pensando en absoluto en implicarse en Venezuela, más allá de que quiere ver que ocurra algo positivo en Venezuela". Según la versión oficial rusa, Putin le dijo a Trump que "los intentos de cambiar el gobierno en Caracas por la fuerza socavan las perspectivas por una solución política de la crisis". Mientras la diplomacia estadounidense se ha orientado a señalar a Rusia y Cuba por apalancar al régimen de Maduro, Trump mostraba una posición "comprensiva" de la posición rusa. La conversación Trump-Putin se produjo tres días después del conato de pronunciamiento militar en Caracas contra Maduro.

*****

La declaración de la reunión XII del Grupo de Lima del 15ABR19 solicitaba a la "comunidad internacional" favorecer "el proceso de transición" en Venezuela, mensaje especialmente dirigido a "Rusia, China, Cuba y Turquía" por el "impacto negativo de su apoyo" al régimen de Maduro. La inclusión de un reclamo directo a Cuba habría sido propuesta por Julio Borges quien es el representante de Juan Guaidó en el Grupo.

En su reunión XIII del 0MAY19 el Grupo de Lima reiteró "su llamado" a Rusia, Turquía y a "todos aquellos países que aún apoyan al régimen ilegitimo de Nicolás Maduro" a favorecer "el proceso de transición democrática". El texto del 03MAY19 del Grupo de Lima incorporó una novedad: "Deciden hacer las gestiones necesarias para que Cuba participe en la búsqueda de la solución a la crisis en Venezuela". La inclusión de esta nueva línea de acción del Grupo de Lima estaría relacionada con conversaciones entre los gobiernos de Cuba y Canadá de las cuales dio cuenta Miguel Díaz-Canel en un tuiteo del 04MAY19. Cuba está en procura de aliados para enfrentar las nuevas sanciones de EEUU ligadas a la aplicación de la Ley Helms Burton, por lo que en los recientes contactos de la diplomacia cubana con Canadá y la Unión Europea han tendido a incorporar el "tema Venezuela".

Por cierto, la reunión del Grupo de Lima del 03MAY19 celebrada en la cancillería peruana, contó con la participación del canciller ecuatoriano José Valencia en condición de observador, siendo la segunda ocasión sucesiva en la cual el gobierno de Lenin Moreno se hace presente en el mecanismo.

*****

El Grupo Internacional de Contacto para Venezuela creado por la Unión Europea ya contaría con una propuesta para ser presentada a consideración de "partidos e interlocutores venezolanos" buscando "desbloquear el punto muerto" en que, a juicio del GIC, se encuentra la crisis venezolana. La información fue proporcionada por la Alta Representante de la UE, Federica Mogherini, al finalizar el 07MAY19 la tercera reunión del GIC en San José de Costa Rica. Según el comunicado del GIC "la mejor manera de avanzar es un proceso político negociado creíble, con el objetivo de llevar al país a elecciones democráticas". El GIC está constituido por la propia UE y representantes de los gobiernos de Alemania, Bolivia, Costa Rica, Ecuador, España, Francia, Italia, Países Bajos, Portugal, Suecia, el Reino Unido y Uruguay. El enviado de Evo Morales participa en las reuniones y debates pero no suscribe los documentos elaborados.

Según Mogherini, las "opciones concretas para una solución pacífica y democrática a la crisis" se mantendrán en secreto hasta su presentación a los "interlocutores" en Venezuela. Según fuentes oficiales de la UE, consultadas para este Informe, no hubo encuentros de enviados del GIC con Maduro ni Guaidó previos a la reunión de San José, aunque el servicio exterior de la UE mantiene "contactos regulares con actores relevantes en el país". Desde la creación del GIC el 30ENE19, varias delegaciones enviadas por Mogherini a Caracas han sostenido reuniones con Nicolás Maduro, su canciller Jorge Arreaza, así como con Juan Guaidó y la cúpula de la Asamblea Nacional.

*****

De la reunión de Costa Rica, el GIC produjo una larga declaración comentando la situación venezolana y manifestando críticas al gobierno Maduro. Igualmente decidió crear un "Grupo de Trabajo Humanitario" en Venezuela para respaldar al "Grupo de Equipo de Coordinación de Cooperación y Asistencia" ECCA integrado por agencias de la ONU, Cruz Roja y diversas ONG en

Caracas orientadas a brindar ayuda humanitaria.

*****

Aparte de las sesiones cerradas, el GIC realizó en Costa Rica una "sesión de divulgación", modalidad establecida para que los miembros del Grupo "interactúan con actores claves". En esta parte del encuentro, el GIC escuchó al canciller de Chile Roberto Ampuero quien intervino como emisario del Grupo de Lima. Vía teleconferencia desde Santiago de Chile, Ampuero manifestó el interés del Grupo de Lima para sostener una "urgente reunión" con GIC con el objeto de "buscar la convergencia en el propósito común de lograr el retorno a la democracia en Venezuela" como reza la declaración de Lima del 03MAY19. Ampuero resaltó lo que consideraba puntos convergentes entre los dos grupos: búsqueda de una solución pacífica para Venezuela, denuncia de violaciones de DDHH, exigencia de libertad a los presos políticos, interés en mejorar las fórmulas de ayuda humanitaria y, la disposición para cooperar en un gobierno democrático post Maduro. El GIC acordó aceptar la invitación transmitida por Ampuero y ratificada por el canciller de Costa Rica, Manuel Ventura, quien forma parte de ambos grupos. El CGI mantiene usuales contactos con los miembros permanentes del Consejo de Seguridad, incluyendo a EEUU, China y Rusia, en relación a su trabajo sobre Venezuela, según lo relató Mogherini.

El próximo encuentro del Grupo de Lima tendría como sede a la ciudad de Guatemala, probablemente el 20MAY19, cuando pudiera concretarse la reunión con el GIC. Una aproximación similar sería adelantada por el GIC con el Caricom.

*****

En la "sesión de divulgación" del GIC en San José de Costa Rica participaron de forma presencial un emisario del Vaticano y dos altos representantes del Caricom. La Santa Sede estuvo representada por su Encargado de Negocios en Costa Rica monseñor John Baptist Itaruma. La Nunciatura en Costa Rica guardó silencio al ser consultada sobre el carácter de la invitación y la posición del Vaticano en este encuentro.

La delegación de Caricom estaba encabezada por su actual Presidente, Timothy Harris, Primer Ministro de San Cristóbal y Nieves y amigo del régimen chavista quien llegó acompañado del Secretario de la organización caribeña Irwin LaRocque y de varios diplomáticos de su gobierno. Previo a la reunión en Costa Rica, el Caricom emitió el 03MAY19 un comunicado afirmaba que "ha observado con preocupación el giro de los acontecimientos [en Venezuela] y el potencial que tienen para la escalada de la crisis política y una mayor violencia". En su intervención ante el GIC, Harris dijo que "el grupo de Caricom no es pro-Maduro ni pro-Guaidó" y afirmó que "la paz seguirá siendo difícil de alcanzar hasta que se aliente a las partes contendientes a sentarse y ponerse de acuerdo". Caricom se encuentra virtualmente dividida en cuando a su posición ante la crisis venezolana y algunos de sus miembros participan en el mecanismo del Grupo de Lima.

*****

El 09MAY19, a raíz del encarcelamiento en Caracas del Vicepresidente de la Asamblea Nacional, diputado Edgar Zambrano, el GIC se sumó a una larga lista de gobiernos y personalidades que rechazaron la acción contra el dirigente opositor venezolano. Dado que el GIC fue creado por la Unión Europea como una iniciativa operativa y no declarativa, en medios diplomáticos causó sorpresa que el grupo emitiera una rápida posición "rechazando" el arresto de Zambrano y exigiendo su "inmediata e incondicional liberación". Una fuente de la Comisión Europea precisó para el Informe Otálvora que "las declaraciones hechas por el GIC se aprueban en coordinación con todos los miembros y todos ellos dan su acuerdo para la publicación de las mismas".

El gobierno de López Obrador también dio una sorpresa al emitir un comunicado el 09MAY19 en el cual "México expresa su preocupación por la situación del "derecho al debido proceso del pueblo venezolano y la inviolabilidad de la inmunidad parlamentaria (...) en especial de los integrantes de la Asamblea Nacional de Venezuela como es el caso de Édgar Zambrano".

2. CUBANOS, URUGUAYOS Y NORUEGOS

Para el 06JUN19 estaba prevista una nueva reunión a nivel de cancilleres del Grupo de Lima con el objeto de discutir líneas de acción sobre la crisis venezolana y tendría como sede la cancillería de Guatemala. El encuentro sería el número catorce desde que fuera creada esa instancia informal de coordinación política el 08AGO17. La reunión estaba prevista para el 20MAY19 pero fue pospuesta sin mayores explicaciones aunque algunas fuentes diplomáticas aseguraron que los gobiernos que participan en el Grupo de Lima habían optado por esperar el desarrollo de algunas iniciativas internacionales en marcha.

*****

Muy activo se mostraba el gobierno de Uruguay actuando como puente entre el régimen de Nicolás Maduro y diversos gobiernos involucrados en conversaciones sobre Venezuela. Uruguay junto a México propuso un esquema de negociación entre el gobierno y la oposición en Venezuela que denominaron "Mecanismo de Montevideo" apoyado por Maduro y sus aliados el cual no logró despegar. Simultáneamente Uruguay forma parte del denominado Grupo Internacional de Contacto GIC promovido por la Unión Europea el cual había celebrado tres reuniones, la más reciente los días 06 y 07MAY19 en San José de Costa Rica. La representación de Uruguay en el GIC la ejercía el subsecretario de Relaciones Exteriores Ariel Bergamino.

Al día siguiente de la reunión del GIC en Costa Rica, Ariel Bergamino de regreso a Montevideo se desvió a Caracas para sostener una reunión con el canciller de Maduro, Jorge Arreaza, en la Casa Amarilla. El propósito de la corta visita del 08MAY19, según la cancillería chavista, fue "estrechar relaciones bilaterales" pero en realidad se trataba de un encuentro para conversar sobre lo tratado en Costa Rica y planear la visita a Caracas acordada por el CIG.

El ministro de exteriores uruguayo Rodolfo Nin Novoa afirmó el 15MAY19 durante un acto interno de su cancillería que Bergamini estaba en camino a Caracas "con una propuesta hecha por Uruguay" y que podrían haber prontas "novedades" sobre Venezuela. Bergamini llegaba a Caracas como parte de la "misión política" enviada por el GIC que permaneció los días 16 y 17MAY19. El 20MAY19 la cancillería cubana reportaba la inusual presencia de Bergamini en La Habana. El funcionario uruguayo había ido a Cuba para sostener un encuentro con su colega Bruno Rodríguez en el cual el tema central sería igualmente Venezuela según resaltó el comunicado oficial cubano. La presencia de Bergamini en La Habana coincidió con la realización de una reunión del Consejo Político (cancilleres) de los países de la Alianza Bolivariana ALBA entre ellos Jorge Arreaza.

El viaje de Bergamini a Cuba, al cual fue acompañado por el director de Asuntos Políticos de la cancillería uruguaya Raúl Pollack, comprobó la intensión del gobierno castrista de formar parte pública y notoria de las gestiones internacionales sobre Venezuela.

La cancillería cubana estaba imbricando dos temas de su política exterior: el apoyo a su aliado Nicolás Maduro y el rechazo a la aplicación de la Ley Helms Burton que preocupa a algunos países europeos y a Canadá. En esa dirección estaban orientados los encuentros celebrados por Bruno Rodríguez con la ministro de exteriores canadiense Chrystia Freeland el 16MAY19 en La Habana y con Federica Mogherini el 24MAY19 en Bruselas. A Freeland, el ministro cubano le aseguró que su gobierno tiene la "disposición a contribuir con iniciativas que promuevan el diálogo respetuoso con el gobierno" de Maduro. La conversación de Rodríguez con Mogherini fue en realidad una continuación de usuales intercambios telefónicos que la representante europea sostiene con diversos gobiernos como parte de sus gestiones sobre Venezuela en el marco del GCI.

*****

La "misión a nivel político" del GIC realizó su prevista visita a Caracas los días 16 y 17MAY19. "El objetivo de esta misión es el de demostrar el compromiso político del Grupo hacia una solución democrática y pacífica y dialogar sobre las opciones para crear las condiciones de una vía electoral negociada", aseguró una vocero oficial del Servicio Europeo de Acción Exterior consultado para este Informe. Al término de la reunión del GIC en Costa Rica el 07MAY19, Mogherini había afirmado que es "hora de pasar a ideas concretas que podrían desbloquear la situación y este Grupo ha producido estas ideas concretas en detalle", aclarando que "no se trata de un plan de paz, es un conjunto de opciones que hemos identificado como temas que podrían ayudar a avanzar y que estamos listos para presentar y discutir si hay interés en hacerlo". La misión de la CIG, según la alta vocera europea, viajaría a Caracas para precisar si "hay señales dentro de Venezuela de la voluntad de ir hacia las elecciones presidenciales anticipadas, justas y transparentes".

El GIC está constituido por la propia UE y los gobiernos de Alemania, Bolivia, Costa Rica, Ecuador, España, Francia, Italia, Países Bajos, Portugal, Suecia, el Reino Unido y Uruguay. La misión a Caracas estuvo integrada por Carl Skau, Juan Pablo

Laiglesia, Ricardo Merlo, José Luis Carneiro y Ariel Bergamino de las cancillerías de Suecia, España, Italia, Portugal y Uruguay acompañados por Hugo Sobral en nombre de la UE. Oficialmente sostuvieron reuniones con Nicolás Maduro, Juan Guaidó, con partidos opositores no vinculados con Guaidó y con representantes de la Iglesia católica. Todas las informaciones señalan que en la práctica se trató de conversaciones preliminares, básicamente de consulta, sin adelantos en propuestas específicas. Un comunicado del 18MAY19 de la UE informaba que "todos los interlocutores expresaron su agradecimiento por los esfuerzos del GIC" pero "aún se necesita un mayor compromiso con un proceso político orientado hacia los resultados".

*****

El italoargentino Ricardo Merlo, subsecretario de Estado para Asuntos Exteriores de Italia contó al diario bonaerense Clarín que la misión del GIC había pedido a Maduro "elecciones lo más rápido posible, pero elecciones democráticas, transparentes, controladas por organismos internacionales", sin recibir respuesta concreta. Medios de propaganda del gobierno chavista difundieron la versión según la cual el encuentro había sido para informar las "consecuencias del bloqueo y las sanciones impuestas por EEUU en contra de Venezuela". Tal como ya lo había hecho el 02FEB19, Maduro repitió el 20MAY19 su propuesta de convocar a elecciones adelantadas pero refiriéndose a la Asamblea Nacional y no a la Presidencia. Se trata de una obvia blufeada en respuesta a las gestiones del GIC y otras iniciativas de mediación. "Queremos ver si este encuentro que tuvimos con Maduro fue sólo una puesta en escena o va aceptar finalmente negociar una salida" dijo el diplomático italiano sobre la reunión del GIC.

Según Merlo, Juan Guaidó por su parte "está dispuesto a participar en una nueva convocatoria a elecciones, inclusive a llamar a comicios para renovar el Parlamento que él preside".

*****

El gobierno de Noruega ha estado monitoreando la crisis venezolana en los últimos años. Funcionarios diplomáticos noruegos hicieron cercano seguimiento a las negociaciones que el gobierno y la oposición venezolana adelantaron en República Dominicana en 2017 y desde entonces estuvieron tendiendo puentes hacia diversos sectores políticos venezolanos.

El Ministerio de Asuntos Exteriores de Noruega cuanta con una "Sección de Paz y Reconciliación" dependiente de su Departamento de Asuntos Regionales, la cual ha estado especialmente activa en Venezuela. Esa sección estaba dirigida, a mediados del 2019, por el diplomático Dag Halvor Nylander quien actuó como representante de su país en las negociaciones de paz entre el gobierno de Juan Manuel Santos y las Farc en Cuba desde el 2012. Noruega fungió como financista, facilitador y garante de esas negociaciones seguidas en La Habana. Tras su participación en Colombia, Nylander fue designado el 27FEB17 por el Secretario General de la ONU António Guterres como buen oficiante entre Guyana y Venezuela sobre el diferendo territorial por el Territorio Esequibo. En su condición de representante de la ONU, Nylander viajó durante el año 2017 en varias ocasiones a Venezuela y sostuvo encuentros tanto con Maduro como con Delsy Rodríguez quien ejercía como Ministra de Relaciones Exteriores.

*****

La iniciativa de Noruega para actuar como intermediario entre Maduro y la Oposición comenzó a concretarse en los primeros meses del 2019 con base en conversaciones de representantes diplomáticos noruegos con voceros venezolanos. Juan Guaidó designó a Fernando Martínez Mottola, Gerardo Blyde y el parlamentario Stalin González como sus representantes en una primera etapa de conversaciones con los noruegos. Igualmente Guaidó habría designado un grupo de asesores en materia de diplomacia, negociaciones y derecho constitucional. Maduro, por su parte, se hacía representar por el ministro Jorge Rodríguez y el gobernador Héctor Rodríguez.

Los días 13 y 14MAY19 se llevó a cabo en Oslo una serie de reuniones entre cada una de las parte con representantes de la cancillería noruega. Tras la filtración a los medios sobre los encuentros en Oslo, la cancillería noruega emitió a media noche del 16MAY19 un escueto e inusual comunicado en el cual confirmó las reuniones con "actores centrales" de Venezuela, en lo que calificó como una "fase exploratoria" para "encontrar una solución pacífica" para el país.

Según varias fuentes consultadas para este Informe, el gobierno de Noruega estaba organizando un nuevo ciclo de reuniones a celebrarse en Oslo, probablemente la última semana del mes de mayo. En medios políticos de Caracas circulaba la versión sobre la participación de expertos y exautoridades electorales venezolanos invitados por la cancillería noruega. El 25MAY19 mediante un comunicado oficial, el ministerio noruego de exteriores infirmó que "los representantes de los principales actores políticos de Venezuela han decidido regresar a Oslo la próxima semana para continuar un proceso facilitado por Noruega".

Elecciones generales, elecciones presidenciales, elecciones con Maduro en la Presidencia, elecciones sólo después que Maduro abandone la Presidencia. Esos eran temas que se barajan en ese momento dentro del debate opositor venezolano y que se proyectaban en la iniciativa noruega de mediación.

3. BRASILIA Y OSLO

Una facción dentro del alto gobierno de Brasil intentó impedir que la representante diplomática de Juan Guaidó fuera recibida por Jair Bolsonaro. La presidencia brasileña así como la cancillería de Itamaraty son parte de un campo de batalla entre facciones que, abierta o subrepticiamente, procuran el control de los temas centrales del gobierno. El manejo de la posición del gobierno Bolsonaro ante la situación en Venezuela y sus relaciones con Guaidó fueron uno de los más asuntos utilizados en el interior del gobierno de Brasil como artillería de esa guerra de posiciones cuando mediaba el año 2019.

A finales del mes de abril, la representante diplomática de Juan Guaidó en Brasil, María Teresa Belandria, fue notificada verbalmente por el gobierno Bolsonaro sobre la decisión de incluirla en la siguiente ceremonia de recepción de cartas credenciales por parte del Presidente brasileño. Jair Bolsonaro, su canciller Ernesto Araújo y, su hijo y diputado Eduardo Bolsonaro quien preside la Comisión de Política Exterior y Defensa de la Cámara mantienen una firma posición de apoyo a la línea de EEUU hacia Venezuela y de respaldo a Guaidó. Eduardo Bolsonaro además de parlamentario actúa como un operador internacional del gobierno de su padre y tiene el "tema Venezuela" en su agenda de actividades.

*****

Las "cartas credenciales" son el documento formal mediante el cual un Estado presenta a otro a un nuevo representante que ejercerá la jefatura de la misión diplomática en el país receptor. El recién llegado representante diplomático, usualmente con rango de Embajador, suele entregar copia de sus cartas credenciales al Ministro de Relaciones Exteriores o a quien la cancillería indique. Este primer paso fue cumplido por Belandria el 11FEB19 a su llegada a Brasilia. Cumplido ese acto se considera que el enviado extranjero ya puede comenzar a desempeñar sus funciones en el país que lo acoge. Posteriormente, en un evento de alta relevancia diplomática y con un complejo ceremonial, los mandatarios reciben las Cartas Credenciales del diplomático extranjero.

*****

La situación atípica que vive Venezuela tiende a crear confusión en las diversas cancillerías y el tratamiento concedido a los enviados de Guaidó ha estado sujeto a valoraciones políticas de cada gobierno y sus interpretaciones burocráticas. En el caso de Brasil, Jair Bolsonaro decidió reconocer a Belandria como Embajadora y concederle las inmunidades y privilegios del caso. La enviada de Guaidó hizo entrega de la copia de sus cartas credenciales al canciller brasileño Ernesto Araújo el 11FEB19. La cancillería procedió a estamparle una visa diplomática en su pasaporte y a emitirle un carnet diplomático con el carácter de "representante diplomática" de Venezuela con lo cual comenzó a desempeñarse en Brasilia e incluso viajó a la frontera acompañando a Araújo.

Con fecha 31MAY19 la jefatura de Protocolo de Itamaraty emitió una circular enviada a las diversas direcciones involucradas y a las representaciones diplomáticas de México, Colombia, Paraguay, Arabia Saudí, Perú, Guinea, Indonesia y a la "Embaixadora da República Bolivariana da Venezuela, Senhora. María Teresa Belandria". En esa circular se informaba sobre los procedimientos de logística y ceremonial que se cumplirían el

04JUN19 en el presidencial Palacio de Planalto con motivo de la recepción por el presidente Bolsonaro de las cartas credenciales a los nuevos jefes de las misiones diplomáticas indicadas. Según fuentes en Caracas y en Brasilia, en un acto de extrema cooperación, la cancillería brasileña prestó apoyo para trasladar a Brasil el ejemplar original de las cartas credenciales firmadas por Guaidó que entregaría Belandria a Bolsonaro.

El jueves 23MAY19 Belandria fue recibida por Eduardo Bolsonaro en la sede del Congreso brasileño para un encuentro que fue reseñado por el propio diputado en un mensaje publicado en Twitter e Instagram. Un eufórico Bolsonaro escribió "recibí hoy a la Embajadora de Venezuela que tendrá sus credenciales recibidas por el PR @jairbolsonaro dia 4/JUN". De esa manera se hizo público que Belandria sería recibida por el presidente Bolsonaro con lo cual su condición de jefe de misión diplomática quedaría protocolarmente sellada. El tuiteo del diputado Bolsonaro encendió una reacción en cadena. Belandria fue citada a Itamaraty donde le fue notificada la decisión de retirar su nombre del listado de jefes de misión que entregarían credenciales el 04JUN19. Un funcionario de Itamaraty habría alegado que un informe de los consultores jurídicos habrían alertado sobre las consecuencias que podría acarrear la recepción de las cartas credenciales lo que podría significar que el gobierno de Maduro rompiera relaciones con Brasil y obligara al cierre de la embajada brasileña en Caracas. Algunos hilos que conectan al palacio de Planalto con Itamaraty se habían movido para cerrar la puerta a la enviada de Guaidó. Ya el 28FEB19 se había producido una extraña situación en la cual, contrariando la opinión del presidente, funcionarios de ceremonial habrían procurado impedir una rueda de prensa conjunta entre Guaidó y Jair Bolsonaro en el Palacio de Planalto.

Curiosamente el retiro de Belandria del listado del evento del 04JUN19 trascendió rápidamente a la prensa brasileña usualmente poco interesada en los detalles de la monótona vida diplomática brasiliense. Quedó en evidencia que algunos sectores estaban interesados en incomodar y humillar a Bolsonaro y difundir versiones de enfrentamientos entre él y la cúpula militar. Los diarios Folha de São Paulo y O Globo repitieron especulaciones no comprobadas sobre la presión de un "ala militar" del gobierno Bolsonaro que rechazaría la posición oficial sobre Venezuela. En tanto, por órdenes directas de Jair Bolsonaro fue nuevamente incluida la enviada de Guaidó en el listado de quienes entregarían cartas credenciales. La medida le fue comunicada a la venezolana a pocas horas de la ceremonia. Bolsonaro recibió a Belandria con gestos efusivos y rompiendo el estricto ceremonial del momento, según uno de los presentes, el Presidente en voz alta le pidió permiso para abrazarla. Bolsonaro procuraba poner fin al impasse creado en medio de la lucha intestina que se escenifica entre las facciones de su gobierno y que esta vez generó un impacto internacional.

*****

El listado protocolar de la cancillería de Brasil vigente al 07JUN19 indica que en la Embajada de Venezuela en Brasilia se encontraban registrados once funcionarios con rango diplomático. La lista incluye indiscriminadamente a la "Embajadora Extraordinaria y Plenipotenciaria", a un ministro consejero, tres consejeros, tres agregados militares, un primer secretario y dos segundos secretarios. Ese listado mezcla a la representante de Guaidó con diez funcionarios enviados previamente por Maduro quienes oficialmente aún formaban parte del cuerpo diplomático acreditado ante el gobierno brasileño. La sede de la Embajada venezolana en Brasilia, que incluye la residencia del Embajador, permanece bajo control de los representantes de Maduro. Según versiones que corren entre la comunidad diplomática en Brasilia, algunos de los funcionarios de Maduro se habrían residenciado en la sede diplomática. En tanto, la embajadora de Guaidó reside en una modesta habitación de hotel que igualmente funciona como oficina de trabajo.

*****

Según diversas fuentes consultadas en Caracas y varias cancillerías extranjeras, el ministerio de exteriores noruego estaba a comienzos del mes de junio, listo para servir de anfitrión a una nueva ronda de reuniones entre los enviados de Nicolás Maduro y Juan Guaidó como parte del mecanismo de negociación propiciado por el gobierno del Reino de Noruega.

La segunda reunión de las delegaciones tendría lugar nuevamente en Oslo hacia donde tenían previsto partir los negociadores de Guaidó alrededor del 05JUN19 según fuentes políticas de la capital venezolana. El Ministerio de Asuntos Exteriores noruego, consultado el 07JUN19 por este Informe, se abstuvo de confirmar o desmentir sobre un nuevo encuentro entre los enviados venezolanos. La vocero oficial noruega Ingrid Kvammen Ekker aseguró al Informe Otálvora que salvo los comunicados emitidos el 17MAY19 y el 29MAY19 "no tenemos ningún comentario sobre el tema". En dichos comunicados el ministerio de exteriores noruego había primero revelado que mantenía "contactos preliminares con representantes de los principales actores políticos de Venezuela (...) con el objetivo de apoyar la búsqueda de una solución a la situación del país". Y en el segundo comunicado, forzado por la filtración de la noticia, confirmó que las partes había celebrado una primera reunión cara a cara aunque pedía a los emisarios "a los fines de preservar el proceso que permita llegar a resultados (...) tomar la máxima precaución respecto a la reserva del mismo".

*****

La agencia gubernamental rusa RT difundió el 07JUN19 declaraciones del jefe del departamento de América Latina de la cancillería moscovita, Alexánder Schetinin, quien asomó que la nueva reunión en Oslo estaba prevista para la semana que comenzaría el 09JUN19. Desde Caracas Guaidó dijo que "hoy no está planteada una nueva reunión hasta que logremos aproximar en la agenda que hemos planteado" repitiendo que "hoy no está planteada una nueva reunión más que aproximar soluciones en torno al cese de la usurpación, gobierno de transición y elecciones libres". Las declaraciones de Guaidó negaron la reunión pero alentaron sospechas sobre la activación de mecanismos que estarían actuando en procura de "aproximar soluciones". La cancillería noruega, actuando como mediador de facto, se mantiene en constante contacto con los representantes de Guidó y de Maduro según confirmaron diversas fuentes.

Por cierto, según el periodista Joshua Goodman de la agencia AP, el Enviado especial de EEUU para Venezuela Elliot Abrams mantiene contacto permanente con Dag Halvor Nylander quien es jefe de la "Sección de Paz y Reconciliación" de la cancillería noruega y coordina la iniciativa hacia Venezuela.

4. LA OEA

El enviado especial del Departamento de Estado de EEUU para Venezuela, Elliot Abrams, confirmó haber sostenido una reunión con los representantes de Juan Guaidó en el mecanismo de negociación promovido por el gobierno de Noruega. En el encuentro que habría ocurrido en Washington el 21JUN19 participaron Stalin González, Gerardo Blyde, Fernando Martínez Mottola y Vicente Díaz. Una fotografía del encuentro publicada en Twitter por el servicio de prensa de Guaidó fue la primera ocasión en la cual se confirmó la composición del equipo negociador. Según Abrams, la reunión habría tenido como propósito "comparar notas". En una rueda de prensa en el Departamento de Estado el 25JUN19, tras su reunión con los enviados de Guaidó, Abrams se mostró escéptico. "No somos escépticos sobre las conversaciones o sobre el esfuerzo noruego. Somos escépticos acerca de si el régimen es serio acerca de ellos" dijo el diplomático estadounidense. Por su parte, Julio Borges, uno de los jefes de la alianza interpartidista que soporta a Juan Guaidó, manifestó durante su intervención en la Asamblea anual de la OEA, su rechazo a las negociaciones en Noruega.

La inminente celebración en Barbados de una nueva ronda de conversaciones entre los enviados de Maduro y Guaidó era sistemáticamente comentada en medios diplomáticos, pero sin que ninguno de los participantes la confirmaran.

La sensación de "estancamiento" del proceso de cambio político en Venezuela o de "normalización" del régimen como algunos prefieren denominarlo, es un asunto que está siendo debatido y evaluado en los más diversos foros diplomáticos y políticos a nivel global junto al impacto de la masiva migración venezolana. Donald Trump, durante su reunión con el brasileño Jair Bolsonaro en Osaka el 28JUN19, dijo a los periodistas que las transiciones "llevan tiempo" en referencia a la situación en Venezuela. Casi simultáneamente, la agencia española EFE difundió una entrevista con el almirante Craig Faller, Jefe del Comando Sur de los EEUU, quien afirmó que "la crisis [venezolana] se encuentra estancada debido a que Maduro y su Ejecutivo se han atrincherado".

*****

La Asamblea General de la OEA iniciada el 26JUN19 en Medellín, Colombia, fue escenario para una esperada confrontación sobre la representatividad de Venezuela en el organismo. Por razones reglamentarias, los primeros puntos de todas las reuniones de cancilleres de la OEA son la elección de un Presidente, la aprobación del calendario de actividades y del temario, ambos documentos preelaborados durante reuniones preparatorias cumplidas en Washington. Igualmente en un punto aparte se contempla la aprobación de las credenciales de los participantes cuyo listado es elaborado por el Secretario General con base en las indicaciones de cada país miembro sobre quienes le representarán en el evento. La aprobación del informe de credenciales es mera rutina formal que usualmente se limita a un martillazo del Presidente, quien rápidamente da por acogido el listado. Pero en la primera sesión de trabajo de la 49 Asamblea General el 27JUN19 el tema de las delegaciones sirvió como detonante sobre el delicado asunto de quién efectivamente representa al Estado venezolano. Los enviados de Antigua y Barbuda, Bolivia, Dominica, Grenada, México, Nicaragua, San Vicente y las Granadinas, Suriname, Trinidad y Tobago y Uruguay rechazaron que fuera aceptada una delegación designada por Juan Guaidó. Los enviados de Uruguay y Bolivia argumentaron que la aprobación de aquel listado llevaba implícito el reconocimiento de Guidó como Presidente encargado de Venezuela a los cual sus gobiernos se oponían. Bolivia, actuando como aliado de Maduro, alegó que Venezuela ya no forma parte de la OEA. Como ya ocurrió el 09ABR19, varios gobiernos anunciaron que se reservaban el derecho a desconocer cualquier resolución de la OEA que pudiera ser tomada con el voto de los enviados venezolanos.

*****

El vicecanciller uruguayo Ariel Bergamino, quien encabezaba la delegación de su país en la Asamblea de la OEA, notificó el día antes a su colega colombiano Carlos Holmes Trujillo la decisión de su gobierno de abandonar la Asamblea de la OEA. La medida se concretaría en caso de mantenerse la presencia de los enviados de Guaidó. Holmes además de anfitrión del evento sería electo por aclamación al día siguiente para presidir las deliberaciones de la Asamblea. Bergamino, quien ha servido recientemente de intermediario entre Guaidó y Maduro como parte del denominado Grupo Internacional de Contacto, ya en la sala de la Asamblea de la OEA anunció el retiro de su país en protesta por la decisión del Presidente de la Asamblea de dar por aprobado el listado de las delegaciones preparado por Luis Almagro.

La delegación enviada por Guaidó incluyó a quince personas encabezadas por Julio Borges, por el diputado Francisco Sucre quien funge como virtual jefe operativo del aparato de representación diplomática de Guaidó y por Carlos Vecchio quien ejerce como Embajador ante la Casa Blanca. La alianza interpartidista que soporta a Juan Guaidó decidió enviar a Medellín a sus principales operadores internacionales.

*****

El 09ABR19 con una mayoría simple de 18 votos el Consejo Permanente de la OEA aprobó que Gustavo Tarre Briceño actuara como "Representante Permanente, designado de la Asamblea Nacional" de Venezuela pero no reconoció a Juan Guaidó como Presidente Encargado. En medios diplomáticos corría la interpretación acerca de que el reconocimiento de un gobierno no es facultad del Consejo Permanente de la OEA o, en todo caso, requería una votación de mayoría absoluta con dos tercios de los gobiernos miembros. Por aquellos días el representante de EEUU, embajador Carlos Trujillo, alegaba que la decisión tendría que ser ratificada por los cancilleres en la Asamblea General de la OEA en una fecha que aún se veía lejana. Llegada la hora de celebrar la Asamblea en Medellín, ya terminando el mes de junio, el temario obvió someter el tema de la representación de Venezuela a consideración de los cancilleres previo al inicio del evento. El martillazo del Presidente de la Asamblea aprobando el informe sobre credenciales pondría fin, como en efecto ocurrió, a cualquier posible debate sobre la presencia de los enviados de Guaidó. En la lista de resoluciones que serían sometidas a consideración de la Asamblea fue incluido un proyecto que confirmaría la resolución del 09AB19.

El tema de la representatividad de Venezuela en los organismos multilaterales seguiría creando situaciones de tensión en la medida que coexistan los "gobiernos" de Maduro y Guaidó. La próxima y prevista confrontación en esta "guerra de credenciales" ya estaba cobrando cuerpo en la sede de la ONU donde el 17SEP19 debería arrancar la 74ª Asamblea General. La ONU reconocía a los enviados de Maduro como los representantes oficiales de Venezuela mientras un grupo de gobiernos aliados de Guaidó quizás intentaría revertir esa circunstancia.

*****

La decisión uruguaya de abandonar la Asamblea dejó en evidencia que a nivel de la OEA sólo la mitad de los gobiernos que la integran han reconocido expresamente a Guaidó. Algunos de ellos, como es el caso de Guyana, no reconocen la legitimidad de Maduro pero se abstienen de reconocer a Guaidó.

Los gobiernos miembros de la OEA que habían reconocido a Guaidó como jefe del Ejecutivo venezolano eran Argentina, Bahamas, Brasil, Canadá, Chile, Colombia, Costa Rica, Ecuador, EEUU, Guatemala, Haití, Honduras, Panamá, Paraguay, Perú y República Dominicana. Los gobiernos que forman parte de la OEA y no habían reconocido a Guaidó eran Antigua y Barbuda, Barbados, Belice, Bolivia, Dominica, Grenada, Guyana, Jamaica, México, Nicaragua, Saint Kitts y Nevis, San Vicente y las Granadinas, Santa Lucia, Surinam, Trinidad & Tobago y Uruguay. Hasta fecha reciente El Salvador integraba la lista de los gobiernos que no reconocían a Guaidó pero el arribo de Nayib Bukele a la Presidencia salvadoreña el 01JUN19 cambió la posición de ese país. Por cierto, uno de los asesores electorales de Bukele fue el dirigente de la oposición venezolana en el exilio Lester Toledo quien actúa operador internacional de Guaidó en asuntos de ayuda humanitaria. El cambio en la posición salvadoreña ante la situación en Venezuela fue confirmada por la nueva canciller Alexandra Hill Tinoco en su primera intervención en la asamblea de la OEA el 27JUN19.

El marcador en la OEA indicaba que finalizando el mes de junio de 2019 de treinta y tres gobiernos (diferentes de Venezuela) diecisiete reconocen a Guaidó y dieciséis no lo reconocen aunque no todos ellos asumen posiciones de choque contra la representación de Guaidó. De hecho, la resolución del 09ABR19 que permitió la incorporación de Gustavo Tarre Briceño como representante permanente ante la OEA fue aprobada con la mayoría mínima de 18 votos lograda cuando Jamaica y Santa Lucia, que usualmente participan en las reuniones del Grupo de Lima, votaron favorablemente.

*****

En su sesión final el 28JUN19, con veinte votos a favor, la Asamblea de la OEA aprobó "aceptar al Representante Permanente ante la Organización de los Estados Americanos designado por la Asamblea Nacional de Venezuela, hasta que se celebren nuevas elecciones presidenciales que conduzcan al nombramiento de un gobierno elegido democráticamente", ratificando la resolución del Consejo Permanente del 09ABR19. Votaron a favor Argentina, Bahamas, Brasil, Canadá, Chile, Colombia, Canadá, Ecuador, El Salvador, EEUU, Guatemala, Haití, Honduras, Jamaica, Panamá, Paraguay, Perú, República Dominicana, Santa Lucia y el propio enviado de Guaidó.

*****

La Asamblea General de la OEA es el encuentro anual de los ministros de exteriores de los países miembros. A la cita en Medellín faltó un grueso y representativo grupo de cancilleres. El Secretario de Estado de EEUU Mike Pompeo y la ministra de exteriores canadiense Chrystia Freeland estaban en Osaka acompañando a sus jefes en la Cumbre del G20. Los cancilleres de Argentina, Brasil, Paraguay y Uruguay, Jorge Faurie, Ernesto Araújo, Luis Castiglioni y Nin Novoa estaban acuartelados desde el 26JUN19 en Bruselas intentando alcanzar una definición final del largamente negociado acuerdo comercial entre Mercosur y la Unión Europea el cual fue alcanzado en la tarde del 28JUN19. El canciller mexicano Marcelo Ebrard también andaba en Osaka ante la renuencia de AMLO para participar en el G2. La representación mexicana en Medellín estuvo en manos del subsecretario Maximiliano Reyes Zúñiga, abierto militante de izquierda, quien es el encargado de las relaciones con el régimen chavista. Ebrard aprovechó su estadía en Osaka y participó en un encuentro con los mandatarios de Argentina, Chile y España, Mauricio Macri, Sebastián Piñera y Pedro Sánchez en el cual se habría comentado "la situación en Venezuela".

*****

La petrolera estadounidense Chevron Corp trabajaba, a mediados del año 2019, junto a la petrolera estatal Pdvsa controlada por el régimen de Nicolás Maduro para aumentar el procesamiento del crudo extrapesado venezolano de la Faja del Orinoco acondicionándolo para su exportación a países asiáticos. La información fue develada por la agencia Reuters el 28JUN19 en un cable suscrito por los periodistas Marianna Parraga y Luc Cohen quienes especifican que durante el mes de julio se prevé un aumento del volumen exportado de una mezcla denominada Merey de crudo extrapesado (no comercializable) y crudos livianos aceptable por refinerías de China, India e Indonesia. La nueva estrategia de producción busca obviar las sanciones impuestas por el gobierno de EEUU que dificultan y encarecen las importaciones de naftas hacia Venezuela utilizadas para acondicionar los crudos extrapesados y hacerlos exportables. Además, la reorientación de la producción busca burlar las sanciones de EEUU que cerraron el mercado estadounidense a las exportaciones desde Venezuela. Los reiterados esfuerzos de la administración Trump para cerrar el flujo de recursos hacia el gobierno Maduro eran boicoteados por una gran empresa petrolera estadounidense.

5. ¿QUIÉN REPRESENTA A VENEZUELA?

Los enviados de Juan Gauidó y Nicolás Maduro formalizaron un mecanismo de negociación con base en las propuestas metodológicas presentadas por la cancillería de Noruega.

Ambas delegaciones llegaron a Barbados el 08JUL19 y mantuvieron sesiones hasta el 10JUL19. Las negociaciones serían retomadas el 15JUL19 luego que las dos delegaciones realizaran "consultas" en Caracas. El objetivo de las negociaciones según el gobierno noruego es "llegar a una solución acordada y en el marco de las posibilidades que ofrece la Constitución". Ninguna de las partes ha anunciado las reglas, la agenda que debate ni los cronogramas, mientras en Caracas corrían toda suerte de bulos sobre los alcances o limitaciones de los acuerdos alcanzables en lo que ahora se conoce como el "Mecanismo de Oslo". Las gestiones noruegas eran las más ostensivas pero en realidad eran una más de varios esquemas de acción internacional sobre Venezuela. La internacionalización del "tema Venezuela" y su tratamiento han generado la participación de los más diversos actores que se cruzan en diversos escenarios, organismos y esquemas específicos. El más reciente en agregarse a este grupo es el uruguayo-español Enrique Iglesias quien fue designado como Enviado Especial de la Unión Europea para Venezuela, suerte de agente operativo del Grupo de Contacto. Iglesias visitó Caracas el 08-09JUL19 para reunirse con Maduro y Guaidó, como parte de una diplomacia viajera que ya lo ha llevado a Nueva York, Estocolmo, Roma y que seguiría por diversas capitales suramericanas.

*****

Cientos de oficinas de la ONU a nivel mundial recibieron durante el mes de junio del 2019 un comunicado desde su cuartel general en Nueva York, girando instrucciones sobre la representación oficial de Venezuela reconocida por el organismo. El texto indica que la representación oficial de Venezuela ante la ONU, hasta que la Asamblea General o el Consejo de Seguridad decida otra cosa, la ejercen los enviados de Nicolás Maduro. Las instrucciones se basaban en el hecho de que en la Asamblea General del año 2018, las credenciales de los enviados de Maduro fueron reconocidas. Las instrucciones, según funcionarios basados en varios países, ordenan evitar el reconocimiento implícito a Juan Guaidó o a sus representantes diplomáticos en terceros países.

*****

"La Asamblea General ha aceptado las credenciales de los representantes venezolanos en su septuagésima tercera sesión y la Asamblea no ha tomado ninguna medida adicional en el tema. Por lo tanto, esos representantes pueden continuar representando a Venezuela en la Asamblea General. A menos que la Asamblea General o el Consejo de Seguridad tomen una decisión diferente sobre la representación de Venezuela en la ONU, el Secretariado de la ONU, agencias, fondos y programas continuarán interactuando normalmente con los representantes de Venezuela actualmente acreditados ante la Asamblea General.

Interacción de los oficiales de la ONU con representantes ante otros países designados por el Sr. Guaidó o por la Asamblea Nacional de Venezuela deben estar limitados a situaciones en las cuales esas interacciones son necesarias para el desempeño de sus funciones oficiales. Los oficiales de la ONU deben abstenerse de cualquier acción que señale o pueda ser percibida como una señal de su reconocimiento del Sr. Guaidó como el Jefe de Estado de Venezuela o de sus representantes como los representantes de Gobierno de Venezuela".

Las instrucciones procedían de la oficina del Secretario General António Guterres. Estas instrucciones fueron seguidas por la Alta Comisionada de la ONU para los Derechos Humanos, Michelle Bachelet, en todos sus comunicados y de su oficina en relación a Venezuela en los cuales se refiere a Guaidó como "Presidente de la Asamblea Nacional".

*****

Las diversas interpretaciones sobre quién representaba oficialmente a Venezuela fueron permeando los entretelones de la ONU. Una subterránea confrontación entre Maduro y Guaidó y los gobiernos que respectivamente los apoyan tenía lugar en importantes eventos de la ONU. Uno de ellos fue la Conferencia de Alto Nivel de la ONU sobre la Cooperación Sur-Sur celebrada en Buenos Aires el 20MAR19. En el seno de la Comisión de Verificación de Poderes CVP, encargada de validar las credenciales de los participantes, se produjo un choque entre quienes no reconocieron las designaciones hechas por la cancillería de Maduro versus los que le otorgaban su conformidad. La CVP estaba integrada por nueve miembros, los mismos que formaron la CVP para la Asamblea General del año 2018 representando a Antigua y Barbuda, Chile, China, EEUU, Finlandia, Ghana, Palaos, Rusia y Sierra Leona. El informe de la Comisión fue aprobado por consenso pero EEUU, Chile y Finlandia objetaron la representación enviada por Maduro, mientras China y Rusia se opusieron "a los debates sobre la representación de Venezuela en la Conferencia". Rusia y China alegaron que la representación de Venezuela correspondía a la aceptada en la Asamblea General del año 2018 y que permanecía vigente.

*****

La aprobación del informe de la Comisión de Verificación de Poderes de la reunión de Buenos Aires permitió la participación de los representantes de Maduro y frustró la asistencia de los enviados de Guaidó que aspiraban exponer sobre la migración masiva de venezolanos. El Embajador peruano en Argentina, Peter Camino Cannock, hizo público un comunicado en nombre de su país y de Argentina, Australia, Brasil, Canadá, Chile, Colombia, Corea, Costa Rica, EEUU, Georgia, Guatemala, Honduras, Israel, Japón, Panamá, Paraguay, Reino Unido, República Dominicana, República Checa, y la Unión Europea. Estas delegaciones dejaron constancia que "la aprobación del informe de la Comisión de Credenciales no debe ser interpretado como un reconocimiento tácito de nuestros países al régimen de Nicolás Maduro ni de sus representantes designados a esta Conferencia".

Por su parte, el gobierno de Maduro reaccionó "con indignación", mediante una comunicación que su representante en la ONU, Samuel Moncada, remitió el 19MAR19 al Secretario General y cuyo contenido exigió fuera distribuido entre todas las misiones ante el Organismo. En esa carta, Moncada se quejaba porque la Secretaría General de la ONU habría aceptado recibir una comunicación suscrita por Juan Guaidó notificando la composición de la delegación venezolana a la reunión de Buenos Aires a la vez que recibió la suscrita por Jorge Arreaza el canciller de Maduro. Además, Moncada acusaba a la "Oficina de Asuntos Jurídicos" de la ONU de haber enviado ambas comunicaciones a consideración de la CVP de la reunión en Buenos Aires. Moncada manifestaba su preocupación "por la posibilidad de que un país o grupo de países cuestione nuestras credenciales legítimas, a pesar de que la Asamblea General de las Naciones Unidas las aprobara debidamente". Las credenciales de los entonces representantes de Maduro en la ONU fueron efectivamente aprobadas junto a las de las restantes delegaciones el 17DIC18, en fecha previa al 23FEB19 cuando se creó la situación de la existencia de dos gobiernos paralelos en Venezuela cada uno de ellos con su propia lista de países que lo reconocen.

*****

El cuestionamiento de las credenciales de los enviados de Maduro ante la ONU que preocupa a Moncada, era un asunto latente en los pasillos de la organización mundial y muy probablemente se haría visible el 17SEP19. Ese día comenzaraba el nuevo periodo de sesiones cuyo Presidente deberá designar una nueva Comisión de Verificación de Poderes encargada de validar las credenciales de todos los delegados. En ese momento muy probablemente EEUU y otros gobiernos aliados de Guaidó que logren ingresar a la nueva CVP impugnarían las credenciales de los enviados de Maduro. Según los reglamentos de la ONU aquellos delegados impugnados ocuparán "un lugar provisionalmente" y participarán en la Asamblea General, hasta que la propia Asamblea se pronuncie sobre la impugnación al considerar el Informe de la CVP.

Con el apoyo brindado el 12JUL19 por el nuevo gobierno de Grecia encabezado por Kyriakos Mitsotakis, ascendían a 55 el número de gobiernos que reconocían a Guaidó como jefe provisional del Ejecutivo venezolano. Así las cosas, el reconocimiento de los enviados de Guaidó por parte de la Asamblea General o del Consejo de Seguridad no pareciera probable, pero los enviados de Maduro podrían pasar a un estatus de provisionalidad. El 24SEP19 arrancaría el Debate General de la ONU en cuyas primeras sesiones participan los jefes de Estado. Quién intervendría en nombre de Venezuela era aún una interrogante.

*****

El "tema Venezuela" fue nuevamente abordado por EEUU y Rusia el 10JUL19 durante un tenso encuentro entre el subsecretario de Asuntos Políticos de EEUU, David Hale, y el viceministro de Relaciones Exteriores de Rusia Sergei Ryabkov. El encuentro se produjo en Helsinki y fue definido como una continuación del sostenido entre Donald Trump y Vladimir Putin el 28JUN19 en Osaka. Según el comunicado de la cancillería rusa en la reunión trataron "cuestiones generales relacionadas con la construcción de relaciones ruso-estadounidenses" y "discutieron la posibilidad de aumentar la efectividad de la cooperación bilateral en interés de nuestros países y resolver problemas internacionales agudos". Por su parte el Departamento de Estado de EEUU, en su comunicado oficial, dijo que "discutieron las relaciones entre EEUU y Rusia y el impacto de los desafíos regionales en Europa, Medio Oriente y Asia. El subsecretario subrayó que mientras EEUU busca reducir las diferencias y fomentar la cooperación con Rusia en una serie de desafíos globales, las acciones negativas de Rusia continúan siendo una barrera para el progreso en nuestra relación bilateral".

Si bien los comunicados oficiales no hicieron referencia a Venezuela, el viceministro ruso en declaraciones a la agencia oficial RIA Novosti si mencionó que el caso venezolano había sido tratado. "El diálogo sobre esta cuestión fue difícil. Con EEUU sobre el tema Venezuela no hay puntos de contacto" dijo Ryabkov. El viceministro ruso era esperado en Caracas el 20JUL19 donde participaría en una reunión ministerial del Movimiento de Países no Alineados en respaldo a Maduro.

Por cierto, el director para América Latina de la Cancillería rusa, Alexander Shchetinin, confesó en entrevista con la agencia AP del 26JUN19 que él y otros emisarios de su gobierno ha sostenido conversaciones con diversas figuras de "la oposición", refiriéndose al sector que respalda a Guaidó. Shchetinin advirtió que mantiene informado al gobierno Maduro sobre esos contactos. El funcionario de la cancillería rusa representó a su país en la reunión organizada por el gobierno de Suecia que congregó en Estocolmo el 13JUN19 a un grupo de gobiernos para analizar las gestiones de Noruega y de la Unión Europea en procura de una salida a la crisis venezolana.

*****

El gobierno del peruano Martín Vizcarra decidió asumir la organización de un gran evento internacional para debatir la situación venezolana. El 06AGO19 debería tener lugar en Lima la denominada "Conferencia Internacional por la Democracia en Venezuela". Los organizadores esperaban representantes a nivel de ministros de relaciones exteriores de una centena de países. "Apreciar la grave situación en Venezuela y su impacto regional desde diferentes perspectivas, en un espacio de diálogo y reflexión plural" era la definición oficial del evento. La iniciativa de Perú buscaba "crear un entorno internacional que contribuya a que los propios venezolanos puedan superar la grave situación que atraviesa Venezuela". Entre los gobiernos invitados por Perú figuraban todos los del continente americano salvo Venezuela. Gobiernos aliados de Guaidó, gobiernos aliados de Maduro, gobiernos que no han tomado partido pero mantenían relaciones diplomáticas con Maduro. En total la cancillería peruana aspiraba reunir a altos representantes de la mitad de los miembros de la ONU.

*****

El siguiente es el listado oficial de las invitaciones enviadas por el Ministerio de Relaciones Exteriores de Perú y que ya circulaban la primera semana de julio. Antigua y Barbuda, Argentina, Bahamas, Barbados, Belice, Bolivia, Brasil, Canadá, Chile, Colombia, Costa Rica, Cuba, Ecuador, El Salvador, EEUU, Dominica, Grenada, Guatemala, Guyana, Haití, Honduras, Jamaica, México, Nicaragua, Panamá, Paraguay, República Dominicana, San Cristóbal y Nieves, San Vicente y las Granadinas, Surinam, Santa Lucía, Trinidad y Tobago, Uruguay. Albania, Alemania, Andorra, Azerbaiyán, Austria, Bélgica, Bulgaria, Chipre, Croacia, Dinamarca, Eslovaquia, Eslovenia, España, Estonia, Finlandia, Francia, Georgia, Grecia, Hungría, Italia, Letonia, Lituania, Luxemburgo, Macedonia del Norte, Malta, Montenegro, Noruega, Países Bajos, Polonia, Portugal, Reino Unido, República Checa, Rumanía, Rusia, Santa Sede, Serbia, Suecia, Suiza, Turquía, Unión Europea, Ucrania. Arabia Saudita, Catar, China, Corea, Emiratos Árabes Unidos, Filipinas, India, Indonesia, Irlanda, Islandia, Israel, Jordania, Japón, Kuwait, Malasia, Singapur, Tailandia, Vietnam. Argelia, Costa de Marfil, Egipto, Etiopía, Ghana, Guinea Ecuatorial, Sudáfrica, Túnez, Marruecos. Australia, Nueva Zelanda. Igualmente entre los convidados se encuentran el Banco Interamericano de Desarrollo y Banco de Desarrollo de América Latina (CAF).

6. GRUPO DE LIMA Y FORO DE SÃO PAULO

El gobierno de EEUU autorizó el 26JUL19 a varias empresas del sector petrolero para continuar operando en Venezuela como una licencia especial que obvia las sanciones impuestas a la estatal Pdvsa.

Chevron que produce en campos petroleros en Venezuela en asociación con Pdvsa, así como las empresas de servicios Halliburton, Schlumberger Limited, Baker Hughes, Weatherford International podrían laborar en Venezuela hasta el 25OCT19. La zigzagueante crisis venezolana estaba obligando al gobierno de EEUU a tomar decisiones coyunturales que, según diversas fuentes, hacen chocar las posiciones de quienes encabezan las acciones sobre Venezuela desde el Departamento de Estado y la Casa Blanca.

La materialización de la acordada línea de presión total sobre el régimen de Nicolás Maduro y el apoyo irrestricto a la coalición que rodea a Juan Guidó, parecían tender a ser objeto de posiciones encontradas en las alturas del poder en Washington en temas específicos como la eventual emisión de una orden de protección de activos venezolanos en EEUU o, la aprobación de un Estatuto de Protección Especial TPS para frenar deportaciones de venezolanos.

*****

El presidente de Brasil estaba en la línea de máxima aproximación hacia EEUU. Mediando el año 2019, Jair Bolsonaro se disponía enviar a uno de sus hijos como Embajador en Washington con la idea de que la buena química pública con Donald Trump se conviertiera en fluidas relaciones de gobiernos. La posibilidad de esa designación fue asomada por el mandatario brasileño inicialmente como una aparente broma pero con los días ganó cuerpo. La cancillería brasileña procedió a solicitar al Departamento de Estado el respectivo plácet o beneplácito para Eduardo Bolsonaro y en el Palacio de Planalto daban como un hecho la pronta respuesta positiva de Washington.

Eduardo Bolsonaro, quien para entonces ejercía como Diputado Federal, era el principal operador internacional del clan Bolsonaro y tenía en su agenda temas como el rechazo a los gobiernos castrochavistas, la creación de una suerte de alianza continental antiizquierdista y la multiplicación de relaciones con EEUU, Israel y gobiernos europeos de inspiración "nacionalista". De contar con el plácet, la designación pasaría a depender del Senado brasileño por lo que el envío del llamado por su propio padre como el hijo "cero tres", se estaba convirtiendo en una arriesgada operación de negociación con un poco amistoso parlamento. La relevancia que Jair Bolsonaro le estaba asignando a contar con su hijo como representante ante la Casa Blanca era uno más de los elementos que comprobaban el giro que Brasil había dado en sus relaciones con EEUU. No era un secreto en Brasilia que la orientación de Bolsonaro está en contravía de la opinión de sectores políticos, diplomáticos, empresariales y militares que observaban con desconfianza el optimismo de Bolsonaro sobre los beneficios de un alineamiento automático con Trump.

*****

Por su parte, para la diplomacia estadounidense el giro brasileño formaba parte de una reconstrucción de relaciones privilegiadas con gobiernos de la región que ya no se limitaba a Colombia. La más reciente gira del Secretario de Estado Mike Pompeo que arrancó el 19JUL19 y que lo llevó a Argentina, Ecuador, El Salvador y México continuación de su periplo de abril que incluyó a Chile, Perú, Paraguay y la frontera de Colombia con Venezuela, parecían señales del interés de Washington en aumentar su presencia directa en la política continental.

En tanto, el canciller ruso Serguéi Lavrov en camino a una reunión de los países Brics en Río de Janeiro, realizó una parada en La Habana el 24JUL19 para ratificar su apoyo al gobierno castrista y atacar la política de EEUU de sanciones contra los regímenes de Cuba y Venezuela. Tras su estadía en Rio de Janeiro donde celebró una reunión de trabajo bilateral con el canciller brasileño, Lavrov hizo una parada en Paramaribo, la capital de Surinam, en una corta y curiosa visita al presidente Desi Bouterse para ratificar programas de apoyo (becas, ayuda médica) y el fortalecimiento del "diálogo político". Surinam era uno de los pocos gobiernos suramericanos que mantenía abierto apoyo al gobierno de Maduro.

En menos de una semana tanto el canciller ruso como su vicecanciller Serguéi Riabkov cumplieron agendas en tierras latinoamericanas.

*****

La propia conformación del Grupo de Lima, desde su creación el 08AGO17, tendió a reflejar los cambios políticos continentales y la conexión que sigue multiplicándose entre los varios esquemas de acción internacional ante la crisis en Venezuela.

La reunión número quince a nivel ministerial del Grupo de Lima, celebrada el 23JUL19 en la sede de la cancillería argentina en Buenos Aires, contó con la asistencia de enviados de Brasil, Canadá, Chile, Colombia, Costa Rica, Guatemala, Guyana, Honduras, Panamá, Paraguay, Perú y Santa Lucía. Guyana y Santa Lucia como es usual participaron en los debates pero no suscribieron la declaración final. Al gobierno de Ecuador que asistió como observador desde la XI reunión del 25FEB19 se juntó en Buenos Aires la representación del nuevo gobierno de El Salvador que envió a su canciller Alexandra Hill. Los cambios de orientación política en Ecuador y El Salvador, de la mano de Lenín Moreno y Nayib Bukele, han significado una ampliación del número de gobiernos que se congregaban en el Grupo de Lima. Si bien la Unión Europea usualmente había asistido a las reuniones previas del Grupo representada por diplomáticos de nivel medio, esta vez se hizo representar por el español-uruguayo Enrique Iglesias en su condición de Asesor Especial para Venezuela de la Unión Europea. Iglesias, quien realizaba acciones de representante europeo ante Juan Guaidó y Nicolás Maduro, fungía como el operador del denominado Grupo Internacional de Contacto GIC para Venezuela promovido por la UE.

El 22JUL19 Panamá se sumó a Bolivia, Costa Rica, Ecuador como representante latinoamericano en el GIC, con lo cual se incrementan las conexiones entre el Grupo de Lima y el GIC que aspiraban congeniar orientaciones de acción mientras esperaban los resultados de las negociaciones canalizadas por el gobierno de Noruega.

En la reunión de Buenos Aires del Grupo de Lima, como también era usual, un representante del gobierno de EEUU participó vía teleconferencia. En esa ocasión correspondió al Enviado Especial para Venezuela Elliot Abrams. También vía teleconferencia, desde Caracas, intervino Juan Guaidó quien contaba en la sala con la representación ejercida por Julio Borges.

Mientras el Grupo de Lima deliberaba en Argentina, desde Washington el encargado del Hemisferio Occidental del Consejo de Seguridad Nacional de EEUU, Mauricio Claver-Carone, afirmaba que "es el momento de que EEUU y los países del Grupo de Lima le ofrezcan una salida [a Maduro] en un tiempo definido". El canciller colombiano Carlos Holmes Trujillo, ya de vuelta en

Bogotá tras la cita en Buenos Aires, afirmó que entraría en contacto con su colega brasileño para analizar las declaraciones de Claver.

Por cierto, en medios diplomáticos corrían rumores sobre que los negociadores de Guaidó y Maduro tendrían pactada una nueva ronda de negociaciones en Barbados, la cual comenzaría el 25 o el 29JUL19, aunque la versión no había sido confirmada oficialmente.

*****

La declaración de la XV reunión del Grupo de Lima, a solicitud del canciller brasileño Ernesto Araújo, incluyó un poco usual pronunciamiento. El texto manifestó "rechazo a los foros y movimientos -como el autodenominado "Foro de São Paulo"- que pretenden actuar en defensa del régimen dictatorial ilegítimo de Nicolás Maduro. Por eso, instan a las agrupaciones políticas verdaderamente comprometidas con la democracia, con los derechos humanos y con el Estado de derecho, en el hemisferio y en otras regiones, a que no participen de dicha línea de acción". Fue quizás la primera y última referencia expresa al "Foro de São Paulo" hecha en un documento oficial suramericano.

La declaración del Grupo de Lima respondía de esa manera al inicio en 25JUL19 de la reunión anual del Foro de São Paulo en Caracas. La realización del XXV encuentro de la organización de partidos de izquierda procubanos formaba parte de acciones del gobierno Maduro para congregar respaldos políticos internacionales y contó en su clausura con la asistencia del cubano Miguel Díaz-Canel. Previamente, el 20JUL19, el gobierno Maduro fue anfitrión de una Reunión Ministerial del Movimiento de Países No Alineados en la cual coincidieron los vicecancilleres de Rusia, Irán y Turquía junto a cancilleres de Cuba, Nicaragua, Bolivia y varias decenas de enviados gubernamentales de países miembros del MNOAL.

*****

Venezuela se mantenía desde enero del año 2016 con suspensión de garantías constitucionales bajo la figura de estado de "Emergencia Económica". La situación de suspensión de garantía comenzó el 14ENE16 como reacción del gobierno chavista a raíz de que la oposición venezolana lograra el control de la Asamblea Nacional en las elecciones del 06DIC15. Mediante una secuela de veintidós decretos bimestrales dictados por Maduro y convalidados por el Tribunal Supremo de Justicia obviando la necesaria aprobación de la Asamblea Nacional, a mediados del 2019 se ha mantenido por más de tres años la situación que constitucionalmente es sólo de aplicación excepcional. El más reciente decreto de prorroga había sido emitido el 09JUL19.

7. PLAN DE EEUU PARA VENEZUELA POSTCHAVISTA

En la mañana del 01AGO19 tuvo lugar en Brasilia un evento denominado "Reconstrucción venezolana, La perspectiva de la infraestructura". Se trató de una sesión-desayuno enfocada, según el catálogo del evento, en veinte proyectos críticos para la reconstrucción venezolana con especial interés en el sistema de agua de Caracas, el sistema hidroeléctrico de Guri, recuperación de la producción petrolera en la Faja del Orinoco, el sistema de transporte de pasajeros en autobuses y la recuperación del puerto petrolero de Jose.

Los panelistas fueron el Secretario Especial de Comercio Exterior de Brasil Marcos Prado Troyjo, el vicepresidente de Ipsos Public Affairs (empresa patrocinadora del desayuno) Mark Polyak y el vicepresidente para Latinoamérica de la constructora estadounidense Hill International. El ponente principal de esta sesión fue el Secretario de Comercio de EEUU Wilbur L. Ross. La conversación sobre Venezuela formó parte de un evento de tres días organizado por CG/LA Infrastructure en el cual se discutieron grandes proyectos de infraestructura en Suramérica con especial acento en el cambio de escenario que se vive en Brasil con el mandato de Jair Bolsonaro.

La "reconstrucción" de Venezuela en una etapa postchavista era prevista como una perspectiva de negocios para empresas españolas durante el gobierno de Mariano Rajoy, ha sido mencionada por el colombiano Iván Duque, suele ser tema en numerosos eventos en Washington y en las periódicas reuniones de los organismos de financiamiento multilateral y, también de empresas privadas como las que se reunieron en Brasilia. Los veinte proyectos a que hacía referencia la promoción del evento habrían sido identificados por el gobierno de EEUU junto al "gobierno de Guaido y otros socios y expertos" y serían de "importancia crítica para la estabilización económica de Venezuela" en área de "energía, infraestructura y medio ambiente" según el alto enviado de Washington.

*****

Durante la exposición el Secretario Ross narró que su Departamento, a solicitud del Consejo de Seguridad Nacional encabezado por John Bolton y en preparación "para los días posteriores a un cambio de régimen" en Venezuela, desarrolló un enfoque de todo el gobierno de EEUU para la estabilización económica venezolana después de la salida de Maduro. "Catorce agencias federales trabajaron durante cuatro meses y produjeron cientos de páginas de elementos de acción y su tiempo por etapas" aseguró Ross quien advirtió que "todo en lo que estamos trabajando son sólo sugerencias"(…) "y será el gobierno de Guaidó que decidirá". Ross asomó tres etapas de acción: "alivio inmediato", "inversión del socialismo" y "restauración del crecimiento". "El corto plazo es un alivio humanitario inmediato y de otro tipo en el primer o segundo mes, el mediano plazo es trabajar para revertir el impacto del socialismo en los meses tres al doce, y el esfuerzo a largo plazo es restaurar el crecimiento económico sostenible" explicó Ross. Para la definición de sus planes, Ross dijo que trabajan "en estrecha colaboración con Brasil y otros países socios en América Latina, así como con instituciones financieras internacionales como el Banco Interamericano de Desarrollo y ejecutivos con experiencia reciente del sector privado en Venezuela". Cuatro líneas de trabajo habrían sido definidas por los técnicos del gobierno de EEUU para el proceso de estabilización: "energía, estabilización macroeconómica y financiera, normalización agrícola y rehabilitación del sector privado".

En la etapa del "alivio inmediato" para el sector energético, Ross propone "liberalizar el sector y promover la participación de empresas privadas, incluso de EEUU, a través de la nueva ley de hidrocarburos bajo consideración en la Asamblea Nacional [de Venezuela]". En esa misma etapa "EEUU aliviará las sanciones, promoverá el crédito comercial nacional e internacional, desplegará asesores técnicos e involucrará a las instituciones financieras internacionales para generar confianza en las nuevas políticas económicas de Venezuela".

En el lapso para "revertir el socialismo", entre los meses 3 y 12 del plan, EEUU propone "revisar el banco central, el sistema tributario, las instituciones fiscales, la deuda y el sector bancario de Venezuela en el contexto de un acuerdo a largo plazo con el FMI y la necesidad de estabilidad económica y elecciones libres".

*****

En otro aparte de su discurso, el secretario Ross afirmó que en la etapa de "restauración del crecimiento" deberá "ampliarse el ancho de banda y la capacidad de los puertos y puentes clave vital para la minería y el sector de petróleo y gas. Y así, ya estamos comprometidos con el sector privado y las instituciones financieras internacionales para avanzar en estos proyectos".

*****

El 01AGO19, pocas horas después que el Secretario de Comercio Wilbur L. Ross expusiera en Brasilia las propuestas del gobierno de EEUU para una Venezuela postchavista, en el jardín sur de la

Casa Blanca caminando para abordar el helicóptero Marine One, Donald Trump asomó un escalamiento en las sanciones contra el régimen venezolano. Un periodista interrogó a Trump: "señor Presidente, gracias. ¿Está considerando un bloqueo o cuarentena de Venezuela, dada la cantidad de participación extranjera de Rusia, China e Irán?". Trump sin mayores detalles y moviendo la cabeza respondió afirmativamente "Sí, lo estoy". El periodista insistió: "¿Lo está considerando?" y nuevamente Trump afirmó: "Sí, lo estoy. Sí. Sí lo estoy". "Yes, I am. Yes. Yes, I am", según la transcripción oficial de la Casa Blanca. Se trataba de la primera ocasión en la cual el gobierno de EEUU expresamente se refería a una potencial medida de bloqueo al territorio venezolano.

*****

Desde el jardín sur de la Casa Blanca, camino a tomar su helicóptero presidencial, Trump se extendió el 30JUL19 en halagos hacia el clan Bolsonaro: "tengo una gran relación con Brasil. Tengo una relación fantástica con su presidente. Y es un gran caballero. Él ha estado aquí, como saben. De hecho, le dicen el "Trump de Brasil". Me gusta. Es un cumplido. Creo que está haciendo un gran trabajo. Es un trabajo difícil, pero creo que su presidente está haciendo un trabajo fantástico. Es un hombre maravilloso con una familia maravillosa". Esta última frase pareciera confirmar que Eduardo Bolsonaro, el "hijo cero tres" de Jair Bolsonaro recibirá el beneplácito de la Casa Blanca para ser Embajador de Brasil en Washington. Preguntado Trump por los reporteros sobre un acuerdo comercial con Brasil, respondió: "vamos a trabajar en un acuerdo de libre comercio con Brasil. Brasil es un gran socio comercial. Nos cobran muchas tarifas, pero aparte de eso nos encanta la relación". Mientras Trump hablaba en los jardines de la Casa Blanca, su Secretario de Comercio permanecía en Brasilia donde era recibido por Bolsonaro y por el equipo económico oficial.

El 31JUL19 Donald Trump remitió al Departamento de Estado un memorándum, amparado en la Ley de Asistencia Extranjera de 1961, mediante el cual designó a Brasil como "aliado mayor de EEUU no miembro de la OTAN a los propósitos de la ley de Control de Exportación de Armamento" conocido bajo el acrónimo de MNNA. Se trata de una de las iniciativas del gobierno Trump para señalar a Jair Bolsonaro como un socio especial de EEUU en Latinoamérica. La designación no implica una alianza militar pero es una señal política sobre el relacionamiento de ambos gobiernos. En un comunicado conjunto del 01AGO19, la Cancillería y el Ministerio de Defensa de Brasil asomaron que la industria militar brasileña podría beneficiarse de la condición de MNNA con un mayor acceso al mercado estadounidense, "esperamos facilidades en los trámites para la adquisición de productos de alta tecnología necesarios para programas estratégicos nacionales". El gobierno brasileño entiende la visita del Secretario de Comercio y la designación MNNA como signos de una nueva etapa de alto relacionamiento con EEUU y directamente con Trump.

8. BULOS RUSOS SOBRE VENEZUELA

El gobierno ruso nuevamente interviene en la crisis venezolana denunciando supuestas y poco creíbles acciones extranjeras. Durante su rueda de prensa semanal del 15AGO19, la vocero de la cancillería rusa Maria Zakharova afirmó que existirían planes de Gran Bretaña y Guyana para actuar sobre Venezuela. Zakharova ofreció sus declaraciones, desde la ciudad de Orenburg muy lejos de Moscú, y su exposición titulada "La situación en Venezuela" fue un texto leído previo a la sección de preguntas.

Según Zakharova "los británicos (...) están completando la construcción de una base militar en una de las islas en la desembocadura del río Esequibo con un pretexto plausible, supuestamente para detener el contrabando de armas y drogas. Ya han llegado varias docenas de los llamados "refugiados" de Venezuela para recibir capacitación como parte de grupos de reconocimiento y sabotaje y luego ser enviados a territorio venezolano con el objetivo de desestabilizar la situación y llevar a cabo las acciones apropiadas, desde extremistas hasta terroristas".

Desde que en Venezuela surgió la confrontación entre Nicolás Maduro y Juan Guaidó, la cancillería rusa al igual que sus colegas cubanos, recurrentemente han divulgado versiones de supuestas operaciones contra el régimen chavista, ninguna de las cuales al correr del tiempo resultó real.

El 16AGO19, la cancillería de Guyana reaccionó mostrando la incredulidad que en Georgetown generó la declaración rusa. "El Gobierno de Guyana le pide al Gobierno de la Federación de Rusia que retire inmediatamente esta declaración sin fundamento, que es completamente falsa. Es especialmente desafortunado dado que las relaciones entre Guyana y Rusia siempre se han basado en el respeto mutuo, la confianza y la amistad".

******

Una de los especialmente notorios bulos lanzados desde Moscú sobre Venezuela fue difundido el 22FEB19, pocas horas antes del intento de ingreso de ayuda humanitaria planeada por Guaidó con apoyo de Colombia, Brasil, Chile y EEUU. Ese día Zakharova afirmó, por ejemplo, que su gobierno tenía "pruebas de que las compañías estadounidenses y sus aliados de la OTAN están trabajando para la adquisición de un gran lote de armas y municiones en un país de Europa del Este para su posterior transferencia a las fuerzas de oposición venezolanas". La vocero rusa también adelantó que la operación de entrega de ayuda humanitaria era en realidad "un pretexto para una acción militar". Por aquellos días, la cancillería cubana también denunciaba "vuelos de aviones de transporte militar hacia el Aeropuerto Rafael Miranda de Puerto Rico, la Base Aérea de San Isidro, en República Dominicana y hacia otras islas del Caribe estratégicamente ubicadas" para una "aventura militar disfrazada". Nada de eso realmente ocurrió. Curiosamente en su exposición del 15AGO19, la vocero rusa acusaba a EEUU de ser quien "agrega combustible al fuego" en el caso venezolano.

*****

Las declaraciones de Zakharova del 15AGO19 coincidieron con la presencia en Moscú del general Vladimir Padrino ministro de Defensa del gobierno Maduro. Padrino viajó invitado por su homólogo ruso general Serguéi Shoigú a propósito de la clausura de los International Army Games promovidos por Rusia y China en los cuales nuevamente compitieron equipos venezolanos. Según la agencia rusa Interfax, Padrino y Shoigú habrían suscrito un acuerdo sobre visitas mutuas de embarcaciones militares. El texto del acuerdo no fue difundido pero ya el gobierno ruso había publicado el 09NOV17 en su diario oficial un proyecto de acuerdo para ser firmado con el gobierno de Maduro sobre "la simplificación del procedimiento de visitas de buques de guerra".

Militares venezolanos viajaron a Rusia, China, Irán, Bielorrusia y Kazajistán para participar en los "International Army Games" en competencias sobre habilidades de manejo de tanques de combate, artillería antiaérea, pelotón aerotransportado, operaciones especiales. Venezuela era el único país latinoamericano que participaba en estas competencias militares.

*****

La Conferencia Internacional sobre la Democracia en Venezuela organizada por el gobierno peruano evidenció que la crisis venezolana es un problema de impacto global. Las sesenta delegaciones presentes el 06AGO19 en Lima fueron representantes de Alemania, Argentina, Australia, Austria, Azerbaiyán, Brasil, Bélgica, Canadá, Chile, Colombia, Corea, Costa Rica, Croacia, Dinamarca, Ecuador, El Salvador, Emiratos Árabes Unidos, Eslovaquia, Eslovenia, España, EEUU, Finlandia, Francia, Georgia, Grecia, Guatemala, Haití, Honduras, Hungría, India, Irlanda, Israel, Italia, Japón, Letonia, Lituania, Malasia, Marruecos, Noruega, Nueva Zelanda, Países Bajos, Panamá, Paraguay, Perú como anfitrión, Polonia, Portugal, Reino Unido, R. Checa, R. Dominicana, Rumania, San Cristóbal y Nieves, Santa Sede, Serbia, Sudáfrica, Suecia, Suiza y Ucrania junto a las delegaciones de la Unión Europea, el BID y la CAF.

Además del canciller peruano Néstor Popolizio otros ocho

ministros encabezaron sus respectivas delegaciones: Argentina, Brasil, Colombia, Costa Rica, El Salvador, EEUU, Finlandia y Paraguay. Tres delegaciones estaban al mando de vicecancilleres. EEUU envió tres altos funcionarios encabezando su representación el secretario de Comercio Wilbur Ross acompañado del jefe del Consejo de Seguridad John Bolton y el enviado especial para Venezuela del Departamento de Estado Elliott Abrams.

*****

El gobierno ruso emitió el 30JUL19 un comunicado anunciando que se abstendría de participar en la Conferencia sobre Venezuela y dejando ver que se había producido una coordinación entre diversos aliados de Maduro. "Hemos analizado con atención los objetivos y tareas planteados por los organizadores ante la conferencia en Lima, los discutimos con nuestros socios en América Latina y los representantes de varios otros países. La parte rusa tiene serias dudas. Ante todo, no estamos convencidos de que sea correcto un enfoque que prevé abordar "problemas de democracia" en Venezuela sin los venezolanos representados por el Gobierno de Nicolás Maduro y otras fuerzas políticas".

El 07AGO19 el gobierno Maduro anunció su decisión de no concurrir a una nueva ronda de las negociaciones Guaidó-Maduro en Barbados. Veinticuatro horas después, la cancillería rusa emitió un comunicado defendiendo a sus socios y achacando a EEUU la situación: "no importa quién fuera el autor de esta decisión, la causa fundamental de la frustración del proceso negociador es evidente y radica en la desatinada política practicada por Washington con respecto a Venezuela". En declaraciones del 15AGO18, la cancillería rusa actuó como tácito vocero del gobierno Maduro al informar que "la reanudación de las negociaciones entre opositores políticos es imposible sin la comprensión y la moderación por parte de los miembros responsables de la comunidad internacional". Por cierto, en medios opositores en Caracas favorables a las negociaciones, consideraban que Maduro estaba "blufeando" y que sus aliados internacionales, incluyendo a Rusia, lo empujarían para regresar en breve a la mesa. Nunca ocurrió.

En todo caso, la inasistencia de Rusia en la Conferencia de Lima comprobó la actuación coordinada de la diplomacia rusa con Cuba y Maduro ante la crisis venezolana.

*****

Del total de gobiernos que recibieron invitación para la Conferencia de Lima, cuarenta y seis no enviaron delegación: Antigua y Barbuda, Bahamas, Barbados, Belice, Bolivia, Cuba, Dominica, Grenada, Guyana, Jamaica, México, Nicaragua, San Vicente y las Granadinas, Surinam, Santa Lucía, Trinidad y Tobago, Uruguay, Albania, Andorra, Bulgaria, Chipre, Estonia, Luxemburgo, Macedonia del Norte, Malta, Montenegro, Rusia, Turquía, Arabia Saudita, Catar, China, Filipinas, Indonesia, Islandia, Jordania, Kuwait, Singapur, Tailandia, Vietnam, Argelia, Costa de Marfil, Egipto, Etiopía, Ghana, Guinea Ecuatorial y Túnez. Los gobiernos de México y Uruguay que habían confirmado su asistencia optaron a "última hora" por no concurrir.

******

Horas antes de instalarse la Conferencia tuvo lugar una reunión calificada como "de respaldo al Presidente Encargado Juan Guaidó" en la cual participaron cuarenta y cuatro de las delegaciones presentes en Lima. A esta reunión asistieron representantes de Alemania, Argentina, Australia, Austria, Bélgica, Brasil, Canadá, Chile, Colombia, Corea, Costa Rica, Croacia, Dinamarca, Ecuador, El Salvador, Eslovenia, España, EEUU, Finlandia, Francia, Georgia, Grecia, Guatemala, Haití, Honduras, Hungría, Irlanda, Israel, Japón, Letonia, Marruecos, Países Bajos, Panamá, Paraguay, Perú, Polonia, Portugal, Reino Unido,

R. Checa, R. Dominicana, Rumanía, Suecia, Suiza, Ucrania y Julio Borges en representación de Juan Guaidó.

*****

Dada la cantidad de países asistentes y su heterogeneidad de posiciones, el corto tiempo del evento y la disparidad de rangos entre los asistentes (desde cancilleres hasta cónsules honorarios), los organizadores de la Conferencia de Lima sobre la Democracia en Venezuela no aspiraban emitir un comunicado conjunto. Al término del evento el canciller peruano Néstor Popolizio presentó una síntesis de lo que consideró eran las posiciones comunes de los sesenta participantes: "los países asistentes a este diálogo hemos coincidido en que la realización de elecciones en Venezuela es el punto de inicio para la solución de la crisis por la que atraviesa. En ello, será fundamental el papel de la comunidad internacional para apoyar que dicho proceso electoral sea libre, justo y transparente. Hemos compartido, además, nuestra convicción de que el respeto a los derechos humanos y a las libertades fundamentales de todos los venezolanos debe ser garantizado (…) coincidimos, además, en resaltar la urgente necesidad de atender de manera efectiva la situación humanitaria en Venezuela, así como el éxodo que la misma ha generado de más de 4 millones de personas, y que no tiene precedentes en la región".

9. LAS FARC

Mediante video de factura casi profesional divulgado en Youtube en la mañana del 29AGO19 se confirmó que distintas facciones que se mantenían renuentes al cumplimiento del Acuerdo Santos-Farc decidieron reagruparse. El video es la lectura de una proclama por parte de Iván Márquez, el jefe guerrillero que encabezó las negociaciones de paz en La Habana y quien decidió pasar a la clandestinidad. Los uniformes militares, las armas de asalto y las botas nuevas de caucho, las imágenes de Manuel Marulanda y Simón Bolívar en el telón de fondo como altos guías, devolvieron a Colombia la imagen de las Farc alzadas en armas. El video fue retirado el 30AGO19 del servicio de Youtube y ese mismo día la página oficial de las Farc en Internet fue cerrada por la empresa proveedora del alojamiento

La decisión de Márquez de no asumir una curul de senador el 20JUL18 y su desaparición de la escena pública ya dejaba ver la ruptura en la conducción política de la organización que se había comprometido en 2016 a entregar armas y pasar a la acción política legal. Los resultados de las elecciones legislativas electorales del 11MAR18 en las cuales el nuevo partido Farc logró menos de 100.000 votos de entre 18 millones de votantes efectivos, había dado al traste con la fantasía promovida por Hugo Chávez de alcanzar el poder en Colombia por la vía electoral. Ahora las Farc de Márquez se suman a la lista de bandas de diverso tipo, tamaño y fines que actúan en territorio colombiano. La capacidad de Márquez para convertirse en la cabeza política de las varias decenas de pequeños grupos procedentes de las antiguas Farc era puesta en duda así como su verdadera capacidad militar. Las Fuerzas Militares colombianas optaron por dar a las Farc de Márquez el tratamiento de una fuerza remanente que podría estar creciendo en número aupada por la producción de narcóticos.

*****

La larga interrelación de dos décadas de las Farc con el régimen chavista, el papel cumplido por Chávez como promotor de las negociaciones Santos-Farc, el rol de facilitadores, financistas y garantes de Chávez y Maduro sobre las negociaciones, la hibridación de la guerrilla colombiana con diversos delitos transfronterizos que se proyectan sobre territorios de Venezuela y Brasil y, la situación de ruptura de las relaciones entre Caracas y Bogotá convertía el rearme de una facción de las Farc en un elemento adicional de tensión en la política regional. El resurgimiento explícito de un grupo armado bajo las banderas de las Farc era en primer término un hecho interno colombiano pero que estaba seriamente influido por el contexto regional. Los gobiernos de Colombia, Brasil y EEUU ya han señalado que Nicolás Maduro brinda su apoyo a los "disidentes" de las Farc así como permite la presencia y actividad del ELN en territorio venezolano. Maduro, por su parte, ordenó el 03SEP19 una nueva movilización militar hacia la frontera occidental incluyendo sistemas de defensa antiaéreos.

El 05SEP19 la cancillería brasileña emitió un comunicado repudiando "vehementemente la amenaza de un grupo disidente (...) para reanudar la lucha armada y condena al régimen ilegítimo de Venezuela por ofrecer apoyo a los disidentes". El gobierno brasileño igualmente reiteró "su compromiso continuo con la preservación de la paz y el mantenimiento de la estabilidad regional" y apoyó "al gobierno colombiano y sus esfuerzos por reincorporar a los excombatientes a la sociedad colombiana en un marco de legalidad". Brasil, tradicionalmente ajeno a las vicisitudes andinas comienza a sentir y reconocer el impacto de los delitos transfronterizos (tráfico de narcóticos, armas, minerales) en territorio brasileño. La nueva geografía del narcotráfico mundial ya incluye activamente a Brasil y a los restantes países del sur de Suramérica.

*****

La Casa Blanca de Donald Trump estaba empeñada en mostrar una relación especial con el gobierno brasileño. El 30AGO19 tuvo lugar en la Oficina Oval un poco usual evento cuando Trump recibió una delegación enviada por Jair Bolsonaro. El servicio de prensa de la Casa Blanca distribuyó y publicó media docena de fotografías con lo cual aquel encuentro adquirió carácter de hecho público.

El aparato diplomático de EEUU suele ser altamente celoso y quisquilloso a la hora de conceder audiencias en el Departamento de Estado a los embajadores extranjeros asentados en Washington o a los ministros de exteriores de visita en la capital. Las citas de presidentes extranjeros en la Casa Blanca suelen ser largamente negociadas y planeadas. No es usual que el Presidente reciba delegaciones de rango ministerial y menos aún que las atienda en compañía del Secretario de Estado.

*****

Trump gustaba atender a sus invitados desde atrás del histórico escritorio presidencial Resolute. Comenzando la tarde del 30AGO19, poco antes de marchar hacia Camp David, Trump sentó alrededor de su escritorio al Secretario de Estado Mike Pompeo en cuya agenda pública figuraba un almuerzo con el Presidente, al canciller de Brasil Ernesto Araújo, al diputado brasileño Eduardo Bolsonaro y al asesor presidencial del Palacio de Planalto en materia internacional Filipe Martins. Eduardo Bolsonaro es diputado federal, presidente la Comisión de Política Exterior de la Cámara, es el principal operador internacional del clan Bolsonaro donde se le conoce como el "cero tres" y fue señalado por su padre para ocupar el cargo de Embajador en Washington para lo cual recibió el beneplácito oficial del Departamento de Estado de EEUU. La visita a la Casa Blanca de sus enviados fue anunciada por el propio Jair Bolsonaro quien la presentó como una señal de la cercana relación que mantenía con Trump en contraste con los encontronazos que la presidencia brasileña había tenido con los gobiernos de Francia, Noruega y Alemania. Con los incendios en la Amazonía en la agenda noticiosa mundial y las críticas externas sobre la política de Bolsonaro sobre temas ecológicos, el brasileño recurrió a Trump para desvirtuar la sensación de aislamiento internacional... y Trump no sólo aplaudió desde Twitter la acción del gobierno de Brasil para frenar las quemas amazónicas sino que además recibió a la delegación. La Casa Blanca no se pronunció sobre los temas tratados. Según Araújo y Eduardo Bolsonaro habrían hablado de "desarrollar de manera sostenible" la Amazonía y del rechazo al criterio de la "internacionalización" de su manejo, del inicio de negociaciones para un tratado de libre comercio y asuntos de "seguridad". Aparte de los temas de la conversación lo relevante fue el engranaje que se habría creado entre la Oficina Oval y el Palacio de Planalto.

*****

En septiembre del año 2019, la situación diplomática entre Brasil y Venezuela se mantenía dentro de un esquema de tensa convivencia que permitía mantener abierta la misión diplomática brasileña en Caracas a cargo del Encargado de Negocios a.i. José Wilson Moreira. En Brasilia la representación de Venezuela reconocida por Bolosnaro la ejerce la embajadora María Teresa Belandria enviada por Guaidó. En tanto, la sede de la Embajada venezolana en Brasilia era ocupada por un grupo de funcionarios que representan a Maduro encabezados por un funcionario con rango de Ministro Consejero. Esta situación parecía llegar a su fin ya que desde el clan Bolsonaro comenzaban a exigir que Itamaraty retirara todo tipo de reconocimiento oficial a los enviados de Maduro y los expulsara del país lo que a su vez conllevaría al cierre de la Embajada brasileña en Caracas.

*****

El 23AGO19, como marca la tradición local, tuvo lugar en Brasilia un desfile conmemorativo del Día del Soldado. En la tribuna de honor de la Concha Acústica del Cuartel General del Ejército estaba el presidente Jair Bolsonaro acompañado de su vicepresidente Antônio Hamilton Mourão y el alto mando militar. En el espacio reservado a invitados extranjeros se encontraba el general Manuel Barroso Alberto quien en su condición de agregado militar del gobierno Maduro había sido invitado a la ceremonia. El 28AGO19 durante un debate sobre Venezuela en la Comisión de Relaciones Exteriores de la Cámara, su presidente Eduardo Bolsonaro afirmó: "No sé por qué las Fuerzas Armadas continúan llamando e invitando a autoridades venezolanas para que en público vayan a prestigiar eventos de nuestras Fuerzas Armadas. No lo consigo entender (...) Tendríamos que cancelar todos los pasaportes diplomáticos venezolanos. No reconocerlos más, porque usan esos pasaportes para traficar drogas". En lo que pareció ser una respuesta inicial a la solicitud de Bolsonaro, el 04SEP19 la cancillería brasileña modificó el contenido de la página web donde mostraba el listado del cuerpo diplomático acreditado en Brasil, procediendo a borrar el nombre de todos los funcionarios enviados por Maduro que aún permanecían en Brasilia. El portal de Itamaraty desde ese día sólo muestra a la embajadora representante de Guaidó. En medios diplomáticos de Brasilia corría el rumor de la inminente expulsión de los diplomáticos y agregados militares de Maduro aunque en fuentes consultadas cercanas a Itamaraty ratificaban el interés de la tradicional diplomacia brasileña de mantener abierta su sede en

Caracas.

10. EL TIAR

Media docena de gobiernos facilitaron sus aparatos diplomáticos para que representantes de Juan Guaidó participaran en la Asamblea General de la ONU cuya etapa de Debate General arrancaba el 24SEP19. Colombia, Brasil y Honduras fueron parte del grupo de esos gobiernos.

Según fuentes de varias cancillerías, representantes de Guaidó fueron incorporados en los listados de los miembros de las delegaciones de diversos países lo que les permitiría marcar presencia, asistir a reuniones e interactuar con las restantes delegaciones.

Una fuente del alto gobierno de Colombia aseguró al Informe Otálvora que Julio Borges, quien es el Comisionado de Relaciones Exteriores designado por Guaidó, fue acreditado ante la ONU en el listado de la delegación de Colombia en representación del "gobierno interino" de Venezuela. Entre cinco y seis gobiernos habrían incorporado en sus delegaciones a representantes de Guaidó, según la versión de otra cancillería suramericana.

*****

El tema de quién representa legal y efectivamente a Venezuela había sido manejado a nivel de la ONU según el criterio de que la representación la ejerce la delegación presentada para la Asamblea General del año 2018. Esa delegación fue aceptada sin impugnaciones por la "Comisión de Verificación de Poderes". El 17SEP19 fue designada la nueva "Comisión de Verificación de

Poderes", encargada de evaluar credenciales y eventuales impugnaciones para la Asamblea General 2019 que arrancó ese día. La Comisión quedó integrada por Barbados, Botsuana, China, Mauricio, Nepal, Rusia, San Marino, EEUU y Uruguay. Dada la conformación de esa Comisión no se esperaba alguna decisión que impidiera la participación de los enviados de Nicolás Maduro a la Asamblea General de la ONU. Según los reglamentos de la ONU la eventual impugnación contra una delegación no implicaría el retiro de sus delegados. Los representantes impugnados ocuparían "un lugar provisionalmente" y participarían en la Asamblea General hasta que la propia Asamblea se pronuncie sobre la impugnación al considerar el Informe de la CVP.

Ante ese escenario, según fuentes diplomáticas de varias cancillerías suramericanas consultadas, se tejió el esquema para garantizar el ingreso oficial de representantes de Guaidó a los eventos de la Asamblea General. También estaba previsto que la OEA facilitara la participación de representantes de Guaidó en un evento al margen de la Asamblea General de la ONU referido a la crisis migratoria venezolana en cual participaría igualmente el presidente colombiano Iván Duque.

*****

Mediando el mes de septiembre de 2019 en medios diplomáticos de Nueva York se daba como un hecho que el "tema Venezuela" estaría nuevamente entre los asuntos que serían tocados en las intervenciones del segmento de alto nivel de la Asamblea General que arrancaría el 24SEP19.

El primer mandatario en intervenir, siguiendo la tradición en la ONU, sería el presidente de Brasil. Jair Bolsonaro, quien fue sometido a una intervención quirúrgica el 08SEP19, ha insistido en su determinación de viajar a Nueva York pese a la proximidad de su procedimiento quirúrgico. Bolsonaro, en la que sería su primera comparecencia en el Debate General de la ONU, se proponía exponer su posición sobre el manejo de la Amazonía, pero se daba por descontado que se referiría a Venezuela. Por su parte, el colombiano Iván Dique quien se dirigiría a la Asamblea el 26SEP19, ya había adelantado que en su discurso denunciaría a Nicolás Maduro acusándolo de apoyar a las organizaciones guerrilleras colombianas. Crisis venezolana, paz con legalidad y la Amazonía estarían en el discurso de Duque. Maduro, al igual que su socio cubano Miguel Díaz-Canel, había dejado saber que no viajaría a la cita anual en la ONU. En cambio, Maduro preparaba viaje a Rusia donde sería recibido por Vladimir Putin a principios de octubre. Maduro envíaba a la ONU a su vicepresidenta Delsy Rodríguez y Díaz-Canel estaría representado por su canciller Bruno Rodríguez.

Por cierto, el 19SEP19 el gobierno de EEUU decidió expulsar a dos de los miembros de la delegación cubana en la ONU acusados de "abusar de sus privilegios de residencia" y de "intentos de realizar operaciones de influencia contra EEUU". Al igual que ya ocurría con la delegación de Maduro en la ONU, el Departamento de Estado de EEUU impuso a los todos los delegados cubanos en la ONU, una restricción de movimientos permitiéndoles solo desplazarse "esencialmente en la isla de Manhattan".

*****

El 09SEP19, el representante del "gobierno interino" de Venezuela en la OEA, Gustavo Tarre, con el apoyo de sus colegas de Argentina, Brasil, Colombia, El Salvador, EEUU, Guatemala, Haití, Honduras, Paraguay y República Dominicana, solicitó que la agenda de la siguiente reunión del Consejo Permanente incluyera el tema "Convocatoria del Órgano de Consulta del Tratado Interamericano de Asistencia Recíproca".

Los firmantes alegaron el artículo seis del "Tratado de Río" o "Tratado Interamericano de Asistencia Recíproca" según el cual "si la inviolabilidad o la integridad del territorio o la soberanía o la independencia política de cualquier Estado Americano fueren afectadas por una agresión que no sea ataque armado, o por un conflicto extra continental o intracontinental, o por cualquier otro hecho o situación que pueda poner en peligro la paz de América, el Órgano de Consulta se reunirá inmediatamente, a fin de acordar las medidas que en caso de agresión se deben tomar en ayuda del agredido o en todo caso las que convenga tomar para la defensa común y para el mantenimiento de la paz y la seguridad del Continente".

*****

La votación para la convocatoria del Órgano de Consulta, realizada el 11SEP19 durante una reunión ordinaria del Consejo Permanente de la OEA, mostró voto favorable de Argentina, Brasil, Chile, Colombia, El Salvador, EEUU, Guatemala, Haití, Honduras, Paraguay, República Dominicana y el representante de Guaidó. Cinco países, tres de ellos miembros del Grupo de Lima, se abstuvieron en la votación: Trinidad y Tobago, Uruguay, Costa Rica, Panamá y Perú. Bahamas prefirió ausentarse de la sala para no tomar posición.

La votación conllevaba la convocatoria del Órgano de Consulta cuya reunión sería a nivel de Ministros de Relaciones Exteriores con fecha marcada para el 23SEP19. La fecha fue escogida para aprovechar la presencia de los cancilleres en el inicio de las sesiones de la Asamblea General de la ONU. La reunión no sería en la sede de la OEA en Washington siendo convocada para un hotel de Madison Avenue en Nueva York.

*****

Según el Tratado de Río firmado en 1947, "las medidas que el Órgano de Consulta acuerde comprenderán una o más de las siguientes: el retiro de los jefes de misión; la ruptura de las relaciones diplomáticas; la ruptura de las relaciones consulares; la interrupción parcial o total de las relaciones económicas, o de las comunicaciones ferroviarias, marítimas, aéreas, postales, telegráficas, telefónicas, radiotelefónicas o radiotelegráficas, y el empleo de la fuerza armada".

El enviado especial para Venezuela del Departamento de Estado de EEUU, Elliot Abrams, aseguró que su país "apoyó esta idea que viene principalmente de países sudamericanos para reactivar este órgano de consulta para hablar sobre formas en las que los países miembros, firmantes de este tratado, el TIAR, puede integrar mejor las respuestas a la crisis en Venezuela". Abrams descartó el 10SEP19 en declaraciones a Voz de América que la "activación" del Tiar "significará una acción militar en el territorio venezolano". Varios gobiernos latinoamericanos, miembros del Tiar, habían advertido pública y privadamente que asistirían a la reunión de Nueva York pero no pretendían aprobar medidas que pudieran entenderse como una acción armada. Según diversas cancillerías consultadas, el interés de "activar el Tiar" sólo perseguía aumentar la presión internacional sobre el régimen de Maduro.

*****

La salida el 10SEP19 de John Bolton del cargo de Consejero de Seguridad Nacional del gobierno Trump, fortalecería la posición del Secretario de Estado Mike Pompeo en la conducción de la política exterior de EEUU. Por cierto, Pompeo realizó el 17SEP19 una conferencia telefónica con su colega de Canadá, Chrystia Freeland, en la cual conversaron sobre la línea de acción ante la crisis venezolana. Freeland habría compartido con Pompeo información sobre las conversaciones que Canadá mantiene con el gobierno cubano sobre Venezuela.

11. ACCION MILITAR

No permitir que el "tema Venezuela" decaiga en los foros internacionales era el propósito del Departamento de Estado de EEUU cuando finalizaba el mes de septiembre de 2019.

"Queremos asegurarnos que el tema de una transición en Venezuela siga siendo muy importante en la agenda internacional" afirmó un "alto funcionario" del Departamento de Estado en una rueda de prensa el 23SEP19 en Nueva York en el contexto de la primera semana del segmento "de alto nivel" de la Asamblea General de la ONU de este año.

Si bien los periodistas que participaron en esa rueda de prensa se comprometieron a no divulgar el nombre del "alto funcionario", sus respuestas dejaban ver que muy probablemente se trataba del Enviado Especial del Departamento de Estado para Venezuela Elliot Abrams.

*****

El gobierno Guaidó "no ha recibido ninguna propuesta externa para una acción militar sobre Venezuela". Esa afirmación fue reiteradamente hecha por la académica María Teresa Romero durante un foro sobre el destino de Venezuela realizado en Miami el 18SEP19 organizado por el Interamerican Institute for Democracy. Romero, quien ejercía como Embajadora representante de Guaidó ante el gobierno de Guatemala, afirmó que los "socios internacionales nos han dicho no vamos a usar las armas".

*****

La hipótesis de una acción militar de EEUU o de una coalición internacional ha sido recurrentemente utilizada de forma propagandística por el chavismo durante las últimas dos décadas. El anuncio de Donald Trump de mediados del 2017 sobre tener "todas las opciones sobre la mesa" sirvió para dar ánimo a interpretaciones tanto del chavismo como de los sectores democráticos sobre la inminencia de una operación de guerra externa sobre Venezuela. En realidad, ninguna autoridad de los EEUU, de Colombia o de Brasil se había comprometido con una operación de dicho tipo.

El 18SEP17 Trump fue el anfitrión de una cena en Nueva York a la cual convidó a mandatarios latinoamericanos para conversar abiertamente sobre la opción militar. Estaban presentes Juan Manuel Santos de Colombia, Michel Temer de Brasil, Juan Carlos Varela de Panamá y la vicepresidenta argentina Gabriela Michetti. El propio Trump ha comentado que esa noche comprendió que no habría apoyo latinoamericano para una acción militar de EEUU sobre Venezuela. Por cierto, Trump repitió en el año 2019 su iniciativa de congregar en Nueva York a mandatarios latinoamericanos para, aprovechando su presencia con motivo de la Asamblea General de la ONU, pasar revista sobre la situación en Venezuela.

En la reunión celebrada en la mañana del 25SEP19 participaron los mandatarios de Chile, Colombia, Ecuador, Guatemala, Honduras, Jamaica y Panamá, Sebastián Piñera, Iván Duque, Lenin Moreno, Jimmy Morales, Juan Orlando Hernández, Andrew Holness y Laurentino Cortizo, así como ministros de otros once países. El argentino Mauricio Macri y el brasileño Jair Bolsonaro no asistieron al encuentro ya que ambos, tras intervenir en la Asamblea General de la ONU el día anterior, partieron raudos a sus respectivas capitales por razones electorales el argentino y por recomendaciones médicas el segundo. En esta ocasión estaban en la mesa dos venezolanos representantes del "gobierno Guaidó", el "canciller" Julio Borges y el representante diplomático ante la Casa Blanca Carlos Vecchio. Trump se hizo acompañar por tres Secretarios: el secretario de Estado Mike Pompeo, el secretario del Tesoro Steve Mnuchin y el secretario de Comercio Wilbur Ross, los dos primeros son los responsables de administrar las sanciones sobre el régimen chavista y Ross es el encargado de diseñar el programa para el "día siguiente" en una Venezuela postchavista. Coordinar sanciones internacionales sobre el régimen chavista era el propósito de esta reunión. El tema militar no fue mencionado por Trump salvo para denunciar el apoyo de Cuba (e implícitamente de Rusia) al régimen chavista.

*****

En la rueda de prensa del 23SEP19, Abrams afirmó que "la política que usted ve es nuestra política; es decir, de presión política económica, financiera y diplomática sobre el régimen [de Maduro]. El alto vocero estadounidense afirmó que la activación del "Tratado de Río" o "Tratado Interamericano de Asistencia Recíproca" que ese mismo día se reuniría en Nueva York, era visto por Washington como un "mecanismo de coordinación muy útil para las presiones económicas y diplomáticas" y descartó que se destinara a una acción militar.

"Hay una serie de países en el hemisferio que no tienen una base legal en su legislación nacional para la imposición del tipo de sanciones de las que estamos hablando. Se supone que el Tratado de Río es obligatorio para las personas que lo integran. Entonces, si la reunión de ministros adopta, digamos, una propuesta para restringir los viajes según los regímenes del régimen, entonces tendrían la base legal para implementar eso en cada uno de los países firmantes del tratado. Lo mismo con las sanciones económicas".

*****

A media tarde del 23SEP19 se produjo en Nueva York la prevista reunión de cancilleres de los países miembros del Tiar. El gobierno de EEUU estuvo representado por el Subsecretario de Estado de EEUU, John J. Sullivan. La resolución aprobada contó con los votos favorables de Argentina, Bahamas, Brasil, Chile, Colombia, Costa Rica, El Salvador, EEUU, Guatemala, Honduras, Haití, Panamá, Paraguay, Perú, República Dominicana y por el enviado de Guaidó en representación de Venezuela, mientras Trinidad y Tobago optó por abstenerse. El vicecanciller de Uruguay Ariel Bergamino votó en contra y su gobierno anunció que procedería a denunciar el Tratado de Río para abandonar el mecanismo. La delegación uruguaya exigió la inclusión de un "píe de página" en el texto de la resolución en el cual afirma que "en virtud de que Uruguay no reconoce como representantes de Venezuela ante la OEA a los designados por el Presidente de la Asamblea Nacional de dicho país, la convocatoria al Órgano de Consulta del TIAR en este caso se considera carente de validez jurídica".

*****

La resolución aprobada por el Tiar no incluyó acciones de tipo militar sobre Venezuela. "Identificar o designar personas" del régimen de Nicolás Maduro asociadas a "actividades ilícitas de lavado de activos, tráfico ilegal de drogas, terrorismo y su financiación y vinculadas a redes de delincuencia organizada transnacional" o que "hayan participado en hechos de corrupción o violaciones graves a los derechos humanos" fue el epicentro de la decisión adoptada por el Tiar. Las conclusiones del Tiar, según el gobierno de EEUU, facilitarán a los países de la región, implementar sanciones ya aprobadas en contextos como el Grupo de Lima pero que carecían de base legal en cada país.

*****

Además de Latinoamérica, la diplomacia de EEUU se movía sobre la Unión Europea para incrementar las sanciones sobre el régimen chavista. En razón de las negociaciones Guaidó-Maduro auspiciadas por el gobierno de Noruega, se mantenían suspendidas nuevas sanciones europeas. Tras el anuncio de Maduro del 07AGO19 levantándose de las conversaciones seguidas en Barbados, la Unión Europea habría garantizado a EEUU que en breve retomaría la vía de sanciones al régimen chavista. Un alto funcionario del Departamento de Estado habría viajado a Bruselas a principios del mes de septiembre para tratar ese tema. El 23SEP19 Abram afirmó en Nueva York que "hay un conjunto de sanciones que están directamente relacionadas con la tortura y el asesinato del Capitán Acosta. Creo que será el primer conjunto de sanciones europeas. Y luego nos gustaría ver lo que creemos que prometieron, que son las sanciones que afectan a objetivos más amplios en el régimen". Cuatro días después, el 27SEP19, la Unión Europea publicó un listado de siete funcionarios de organismos de seguridad venezolanos a los cuales impuso sanciones acusándolos de "la trágica muerte del capitán Acosta Arévalo mientras estaba bajo custodia de las fuerzas de seguridad de Venezuela" que "constituye un ejemplo patente del deterioro continuo de la situación de los derechos humanos".

El 01NOV19 debería producirse el cambio de mando en la conducción de la política exterior de la UE. Mediando septiembre se daba como un hecho la escogencia del español Josep Borrell como nuevo Alto representante de la Unión para Asuntos Exteriores y Política de Seguridad. Borrell, en su condición de Ministro de Exteriores del gobierno socialista español ha mantenido una línea de apoyo moderado a la aplicación de sanciones al gobierno Maduro y de promoción de esquemas internacionales de negociación política en Venezuela. Según fuentes en Madrid y Washington, ya el Departamento de Estado había sostenido conversaciones con Borrell sobre el "tema Venezuela" y la ampliación de sanciones en el contexto de la UE.

12. NORUEGA BUSCA RESPALDO EN EEUU

Terminaba el mes de octubre de 2019 y diversas gestiones internacionales estaban produciéndose para reiniciar las negociaciones entre Juan Guaidó y Nicolás Maduro.

El diputado vicepresidente de la Asamblea Nacional Stalin González y el también negociador Fernando Martínez Mottola habrían viajado a Washington alrededor del 15OCT19. Previamente Martínez visitó Madrid donde habría sostenido contactos con el gobierno español. En la capital estadounidense durante esos días también habría estado una delegación noruega encabezada por Dag Nylander quien ejerce como director de la sección "Paz y Reconciliación" en el Ministerio de Exteriores de Noruega. Nylander ha sido el responsable de motorizar las negociaciones entre Guaidó y Maduro promovidas por Noruega y que fueron suspendidas el 07AGO19 tras varios encuentros celebrados en Oslo y Barbados. La delegación noruega llegó a Washington con el propósito de sostener encuentros de bajo perfil con los enviados de Guaidó y con el Departamento de Estado de EEUU. Según fuentes no oficiales consultadas en Washington, Noruega procura que EEUU apoye una nueva ronda de negociaciones entre Guaidó y Maduro. Fuentes consultadas en Caracas, conocedoras de los procesos de negociación, aseguraron que el tema de esa hipotética nueva ronda sería definir los términos para celebrar elecciones generales (presidenciales adelantadas y parlamentarias) durante el año 2020.

*****

Desde que las negociaciones celebradas en Barbados fueron suspendidas, la cancillería noruega ha enviado emisarios a Caracas para reuniones tanto con representantes de Maduro como de Guaidó. Ninguna de las tres partes se ha manifestado sobre una posible reanudación de las negociaciones.

El Departamento de Estado de EEUU, consultado por este Informe, no se pronunció sobre posibles encuentros con venezolanos o noruegos sobre la reanudación de las negociaciones. Gustavo Marcano, quien forma parte del equipo diplomático de Guaidó en EEUU con cargo de "ministro consejero", fue visto junto a Stalin González el día 15OCT19, lo que hace suponer que la presencia del negociador en Washington era una actividad oficial del gobierno interino de Venezuela.

*****

En la que pudiera ser su última visita a Latinoamérica en condición de Ministro de Exteriores de España, Josep Borrell viajó a Cuba y Colombia en un periplo que arrancó el 15OCT19. Borrell debería asumir el 01NOV19 el cargo de Alto Representante de Política Exterior de la Unión Europea por lo que su visita a La Habana se produce a dos aguas entre su actual cargo y su inminente nueva posición. Aparte de su reunión de trabajo con el canciller cubano Bruno Rodríguez, Borrell fue recibido por Miguel Díaz-Canel y su encuentro fue reseñado con gran despliegue en la primera plana de los periódicos Granma y Juventud Rebelde. Borrell prometió continuar desde el alto cargo en la UE su línea de rechazo "a la aplicación extraterritorial de las leyes de EEUU", es decir a las sanciones que el gobierno Trump ha implementado contra el régimen cubano incluyendo la aplicación de la Ley Helms-Burton como parte del paquete de presión sobre el eje castrochavista.

Borrel, en su condición de jefe de la diplomacia española, se ha mostrado contrario a la aplicación de sanciones económicas contra el régimen venezolano afirmando que prefiere las de tipo individual. Borrell igualmente confirmó un inminente y polémico viaje del rey Felipe VI a La Habana, el cual había sido ofrecido por Pedro Sánchez en su visita del 2018 a Cuba. La reanudación de las negociaciones entre Juan Guaidó y Nicolás Maduro amparadas por Noruega habría sido un tema incluido por Borrell en sus conversaciones con el régimen cubano, según fuentes de la oposición venezolana.

*****

Tanto el Departamento de Estado de EEUU como el aparato diplomático de Guaidó ha estado enviando numerosos mensajes, públicos o reservados, a la Unión Europea promoviendo una ampliación de las sanciones europeas contra el régimen de Maduro. En una carta fechada el 11OCT19 cuyo texto no ha sido hecho público, Julio Borges, el "Comisionado para las Relaciones Exteriores" de Guaidó, se dirigió a los veintiocho ministros de exteriores de la UE informándoles sobre las razones para la paralización de las negociaciones Guaidó-Maduro y pidiéndoles aumentar la presión sobre el régimen chavista. La llegada de Borrell a la jefatura del servicio exterior de la UE pudiera significar una reducción de esa presión a juicio de varios operadores internacionales de la oposición venezolana.

Desde Managua, Borrell ha recibido fuertes ataques por parte de Daniel Ortega quien lo acusa de actuar en alianza con EEUU. Ortega ha desatado insultos contra el español a raíz de la aprobación el 14OCT19 por el Consejo de Relaciones Exteriores de la UE de las normas para sancionar a altos jerarcas del régimen sandinista. El marco legal "establece la posibilidad de imponer sanciones específicas e individuales a personas y entidades responsables de violaciones o abusos de los derechos humanos o de la represión de la sociedad civil y la oposición democrática en Nicaragua, así como a personas y entidades cuyas acciones, políticas o actividades menoscaben de otro modo la democracia y el estado de Derecho en Nicaragua". El 16OCT19 durante un acto de recepción de nuevos embajadores ante su gobierno, Ortega afirmó que "es una vergüenza para Comunidad Europea tener al frente de la política exterior a un personaje como Borrell, ¿Con qué seriedad se podrá hablar con Borrell?, no tiene el mínimo tacto de alguien que parece más bien enloquecido en la forma que habla, en la forma en que despotrica".

Por cierto, Borrell incluyó en su periplo una visita el 19OCT19 a la ciudad de Cúcuta en la frontera de Colombia con Venezuela, para conocer de primera mano el impacto de la crisis migratoria venezolana en esa zona.

*****

En paralelo al Foro de São Paulo, la izquierda latinoamericana está procurando estructurar un nuevo ente referencial denominado Grupo de Puebla. Creado el 14JUL19 en Puebla, México, tiene entre sus fundadores a un grupo de políticos "socialistas" de Latinoamérica y España entre los cuales aparece el mexicano Cuauhtémoc Cárdenas, los argentinos Alberto Fernández (candidato presidencial en ese momento), Jorge Taiana y Felipe Solá, los chilenos Marco Enríquez-Ominami, Alejandro Navarro y José Miguel Insulza, los brasileños Lula da Silva, Dilma Rousseff, Fernando Haddad y Aloizio Mercadante, los colombianos Ernesto Samper y Clara López, el paraguayo Fernando Lugo, Rafael Correa y Gabriela Rivadeneira por Ecuador, el dominicano Leonel Fernández y el español José Luis Rodríguez Zapatero, entre otros. El PT brasileño, el kirchnerismo argentino, el correismo ecuatoriano, los socialistas chilenos conforman el epicentro de la operación.

*****

Según su primera declaración, el Grupo de Puebla se propone "construir un nuevo proyecto común aprendiendo de nuestros errores y recuperando nuestra vocación de mayorías y de gobierno". Algunos de sus voceros ya adelantan un giro en la política continental hacia la izquierda basado en las próximas elecciones argentinas del 27OCT19 para las cuales el candidato kirchnerista cuenta con ventaja en las encuestas.

El Grupo de Puebla se mostró particularmente activo, mediante la difusión de comunicados de ataque al gobierno de Lenin Moreno, durante las violentas escenas vividas en Ecuador en las dos primeras semanas del mes de octubre. Gabriela Rivadaneira, una de las fundadoras del grupo, ingresó a la Embajada de México en Quito el 12OCT19 para solicitar asilo político. El gobierno de Ecuador señaló a los seguidores de Rafael Correa congregados en el "Movimiento Revolución Ciudadana" de haber estimulado la violencia callejera en Ecuador.

El Grupo de Puebla buscaría compensar, en cuanto a presencia en los medios, la acción del grupo de expresidente democráticos que conforman la "Iniciativa Democrática de España y las Américas" y que congrega nombres como Fernando Henrique Cardoso, Oscar Arias, José María Aznar, Felipe González, Laura Chinchilla, Sebastián Piñera, Andrés Pastrana, Álvaro Uribe Vélez, Jorge Quiroga, Eduardo Frei entre otros, el cual es coordinado por el venezolano Asdrúbal Aguiar.

*****

El 16JUL15, el entonces presidente de Ecuador Rafael Correa, anunció que su Ministro de Exteriores Ricardo Patiño, abandonaría por un plazo de dos meses su cargo oficial. Durante esos meses Patiño tendría la tarea de organizar el aparato de acción callejera para el partido Alianza País controlado entonces por Correa. El propósito de Correa era crear mecanismos para movilizar grupos organizados hacia las calles de Quito para proteger el palacio presidencial y enfrentar violentamente a potenciales grupos opositores. Desde los "centros de la Revolución Ciudadana" Correa aspiraba a movilizar a más de diez mil militantes en un lapso de dos horas.

El 01OCT19, Lenin Moreno anunció el fin del subsidio estatal a los combustibles como parte de un programa de ajuste económico. La medida generó dos vertientes de movilizaciones en contra. Movimientos indígenas centrados en la Confederación de Nacionalidades Indígenas desplegaron su usual esquema de acción de protesta con una marcha hacia Quito. En la capital ecuatoriana y en otras poblaciones se registró el accionar de grupos claramente organizados, desvinculados del movimiento indígena, que mostraban tácticas de combate urbano en sus enfrentamientos con cuerpos policiales y militares desplegados por el Gobierno. Según la versión oficial ecuatoriana, los grupos violentos estaban directamente vinculados con el correismo.

Ricardo Patiño, el organizador del aparato de acción callejera del correismo, se encuentra fuera de Ecuador desde el mes de abril de 2019 y actualmente es beneficiario de la condición de asilado político en México. Un tribunal ecuatoriano le sigue proceso por "instigación a la violencia contra el Estado".

13. PUEBLA PONE PRESIDENTE EN ARGENTINA

El Grupo de Lima organizó una reunión de Cancilleres de los países miembros la cual se realizaría el 08NOV19 en el Palacio de Itamaraty, sede de la cancillería brasileña. La reunión de Brasilia estaría enfocada en precisar nuevas medidas de presión sobre el régimen chavista. "Definir más presión" fue la respuesta de un alto funcionario diplomático de uno de los países suramericanos que forman el Grupo al ser consultado sobre el objeto de la reunión.

En medios diplomáticos corría la versión según la cual los gobiernos de Ecuador y El Salvador, cuyos representantes habían participado en calidad de observadores en anteriores reuniones, anunciarían su decisión de sumarse al Grupo formalmente.

Por cierto, una semana después de la reunión del Grupo de Lima, estarían llegando a Brasilia los dos grandes aliados extranjeros del gobierno Maduro: los mandatarios de Rusia y China, Vladimir Putin y Xi Jinping, para participar en la XI Cumbre de los países BRICS de la cual Jair Bolsonaro era anfitrión.

*****

Islandia, Liechtenstein, Noruega, Suiza, Macedonia del Norte,

Montenegro, Albania, Moldavia, Armenia y Georgia impusieron sanciones a siete funcionarios de los aparatos de seguridad del régimen chavista. Estos países, que no forman parte de la Unión Europea, se sumaron a la decisión del 26SEP19 mediante la cual el Consejo de la Unión Europea decidió sancionar a siete funcionarios venezolanos señalados de "graves violaciones de los derechos humanos, en particular la tortura, cometidas por miembros de las fuerzas de seguridad y de los servicios de inteligencia de Venezuela en apoyo al régimen".

Ya en 2018 este grupo de países, algunos de ellos en proceso para incorporación a la UE y otros como miembros del "Área Económica Europea", se habían sumado a las sanciones impuestas a dieciocho jerarcas chavistas. Los veinticinco jerarcas chavistas sancionados tienen prohibición de viajar a los países europeos y sus bienes serán congelados.

Por cierto, los gobiernos miembros del Tratado Interamericano de Asistencia Recíproca Tiar trabajaban para concluir antes de finalizar el mes de noviembre del 2019, una primera lista de funcionarios chavistas acusados de "actividades ilícitas de lavado de activos, tráfico ilegal de drogas, terrorismo y su financiación y vinculadas a redes de delincuencia organizada transnacional" o que "hayan participado en hechos de corrupción o violaciones graves a los derechos humanos". Las reuniones de trabajo tenían lugar en Washington y participaban representantes de Argentina, Bahamas, Brasil, Chile, Colombia, Costa Rica, El Salvador, EEUU, Guatemala, Honduras, Haití, Panamá, Paraguay, Perú, República Dominicana y del gobierno de Juan Guaidó. Uruguay y Trinidad y Tobago se abstuvieron de participar en esta actividad.

*****

Los resultados electorales presidenciales en Argentina del 27OCT19 impactarían el cuadro político suramericano: esa era la más clara evaluación por aquellos días. El peronista Alberto

Fernández, quien fuera altísimo funcionario de los gobiernos de Néstor y Cristina Kirchner en calidad de Jefe del Gabinete, logró ganar la presidencia que comenzará a ocupar desde el 10DIC19. Fernández logró derrotar a Mauricio Macri en lo que constituía una franca derrota para los sectores democráticos del continente en tanto las corrientes castrochavistas regresaban al poder de la mano de la viuda de Néstor Kirchner. La vicepresidencia de la Nación y del Senado, así como la primera opción en la sucesión presidencial en caso de ausencia del titular, estará en manos de Cristina Fernández de Kirchner. En los últimos años, varios tribunales argentinos habían ordenado el arresto de la expresidenta procesada por notorios casos de corrupción, pero la señora Kirchner había eludido la cárcel valiéndose de sus fueros como senadora.

*****

Desde su campaña electoral, Alberto Fernández había anunciado que la línea de acción internacional de Argentina tendría un giro con respecto a la dirección imprimida por el saliente Mauricio Macri, especialmente en cuanto al tratamiento de la crisis venezolana.

El "Frente de Todos", la coalición que presentó la candidatura de Fernandéz, llevó a Buenos Aires una larga lista de figuras de la izquierda internacional para acompañar las votaciones del 27OCT19. Entre los convidados estaban el exmandatario paraguayo Fernando Lugo, el excanciller brasileño y ahora operador internacional del lulismo Celso Amorim, la Secretaria de Relaciones Internacionales del Partido de los Trabajadores de Brasil y Secretaria Ejecutiva del Foro de São Paulo Mónica Valente, el socialista chileno Marco Enríquez-Ominami y el español José Luis Rodríguez Zapatero. Enrique-Ominami, Zapatero, Lugo y Alberto Fernández son parte de los fundadores del "Grupo de Puebla", el nuevo aparato propagandístico de la izquierda continental que con los resultados electorales argentinos logró llevar a uno de los suyos al frente de un gobierno.

*****

La llegada de Mauricio Macri a la Presidencia el 10DIC15 significó el inicio de una muy activa diplomacia argentina confrontando al régimen chavista. Junto al entonces presidente paraguayo Horacio Cartes y reforzado con el ascenso de Michel Temer a la presidencia brasileña el 31AGO16, Argentina capitaneó la primera operación regional para aislar al gobierno de Nicolás Maduro. El 05AGO16 reunidos en Río de Janeiro, Macri, Temer y Cartes decidieron no permitir que Maduro asumiera la Presidencia pro tempore de Mercosur para el segundo semestre de aquel año y condicionar la presencia de Venezuela al cumplimiento de las reglas del grupo so pena de suspensión. El 01DIC16 los cuatro países fundadores del Mercosur aplicaron a Venezuela el "cese del ejercicio de los derechos inherentes a la condición de estado parte del Mercosur". Después, el 05AGO17, Mercosur procedió a "suspender indefinidamente" a Venezuela "en todos los derechos y obligaciones en aplicación del Protocolo de Ushuaia referido a Derechos Humanos.

Si bien la primer canciller del gobierno de Macri, Susana Malcorra, quien entonces procuraba la Secretaría General de la ONU, entorpeció acciones contra el régimen chavista, la dura posición de Macri fue uno de los componentes claves para la alianza continental que permitió que el Secretario General de la OEA Luis Almagro adelantara su agenda de presión sobre Maduro. La presencia de Donald Trump desde enero de 2017 en la Casa Blanca y su intenso activismo sobre el "tema Venezuela" hicieron que Macri cediera su rol como el principal motorizador de la línea dura contra Maduro, pero la Argentina de Macri fue igualmente clave para que se produjera la creación del Grupo de Lima y la disolución de Unasur el organismo suramericano colonizado por gobiernos castrochavistas.

*****

Siguiendo la ruta ya mostrada por el gobierno mexicano de Andrés Manuel López Obrador, el nuevo gobierno argentino estaría abandonando el Grupo de Lima sobre Venezuela o condicionando su presencia. Con el cambio de posición ideológica, es esperable que Argentina suspendiera las sanciones que mantenía sobre jerarcas chavistas y obvie los acuerdos decididos en el contexto del Tratado Interamericano de Asistencia Recíproca Tiar. Antes de la toma de posesión de Fernández, en medios políticos bonaerenses se daba como un hecho que la cancillería argentina, con Fernández en el gobierno, procedería a retirar el reconocimiento a Elisa Trotta a quien el gobierno Macri reconocía como Embajadora enviada por Juan Guaidó.

El jueves 31OCT19 en una reunión informativa del Departamento de Estado de EEUU sobre Chile y Argentina, uno de los expositores afirmo que "algunos miembros del grupo de transición, algunos funcionarios electos entrantes que forman parte de la campaña de Fernández han sido muy críticos con Nicolás Maduro. Otros lo han sido menos, pero han reconocido la falta de democracia en Venezuela y también se han centrado en la necesidad de diálogo. En el camino de la campaña, Fernández y otros han dicho que quieren tener una visión más amplia de los tipos de diálogo que necesitan tener. He escuchado diferentes declaraciones sobre si elegirían hacerlo dentro del Grupo de Lima o fuera de él". El gobierno Trump parecia preferir una visión no confrontacional con el nuevo gobierno argentino.

*****

México sería el destino del primer viaje al extranjero de Alberto Fernández tras su elección. En condición de candidato, Fernández había procurado una audiencia con AMLO pero el gobierno mexicano optó por esperar los resultados de las elecciones argentinas. Inmediatamente después de conocerse los escrutinios del 27OCT19 se reactivaron los planes para la visita de Fernández a México la cual fue marcada para el 02NOV19. Había prisa en algunos pasillos de la diplomacia mexicana para la reunión de AMLO con Fernández.

En algunas cancillerías del continente se especulaba sobre el surgimiento de una suerte de Eje México-Buenos Aires, como una alianza de política exterior que compense a EEUU, al Grupo de Lima y sus aliados. Dada la sinuosa política de AMLO ante Washington existían razonables dudas de que Fernández consiga el apoyo mexicano para esa idea. El ala más izquierdista del gobierno AMLO, representado en la cancillería mexicana por el Subsecretario Maximiliano Reyes Zúñiga, estaba pujando a favor de un entroncamiento con el nuevo gobierno argentino. Fernández viajó a México escoltado por el peronista Felipe Solá, exgobernador de la provincia de Buenos Aires y quien ya estaba siendo asomado como el nuevo ministro de Exteriores de Argentina.

Según medios argentinos, la visita de Fernández a Ciudad de México habría sido coordinada por el chileno Marco Enríquez-Ominami en nombre del Grupo de Puebla. Fernández estará de regreso a Argentina a mediados de semana porque no coincidencialmente, el Grupo de Puebla iniciaba su segunda reunión plenaria el 08NOV19 en Buenos Aires.

*****

En su discurso de victoria, la noche del 27OCT19, Alberto Fernández saludó y pidió la libertad de Lula da Silva a quien había visitado el 04JUL19 en su apartamento-celda en Curitiba, Brasil. El gobierno de Jair Bolsonaro reaccionó intensamente rechazando la posición del mandatario electo en Argentina. Ya desde la campaña, Jair Bolsonaro había públicamente solicitado el voto para Mauricio Macri.

El 28OCT18 a pocas horas de conocerse los resultados electorales argentinos, el canciller brasileño Ernesto Araújo tuiteó desde Catar donde acompañaba a Bolsonaro en una gira asiática, una serie de mensajes que adelantaban lo que se temía se convertiría en una inminente ruptura entre los dos grades países con impacto en el Mercosur. "No tenemos ninguna ilusión de que el fernandez-kirchnerismo pueda ser diferente del kirchnerismo clásico. Las señales son las peores posibles. Cierre comercial, modelo económico retrogrado y apoyo a las dictaduras parece ser lo que viene por ahí". "Las fuerzas del mal están celebrando. Las fuerzas de la democracia están lamentando por la Argentina. Pero Brasil continuará del lado de la libertad y de la integración abierta". "La izquierda es totalmente ideológica en el apoyo a los regímenes tiránicos de la región. Pero cuando se relacionan con las democracias (de las cuales dependen) la izquierda pide "pragmatismo". Curioso. "Pragmatismo" significa siempre que la derecha se acomode a los intereses de la izquierda".

Hasta esa fecha el gobierno de Brasil no había saludado oficialmente a Fernández por su triunfo y Bolsonaro ya había adelantó el 01NOV19 que no asistiría a la toma de posesión del argentino pero descartando "retaliaciones" brasileñas hacia Argentina.

14. BOLIVIA SIN EVO MORALES

Abandono de la alianza izquierdista ALBA, inicio de trámites para abandonar Unasur, virtual ruptura con el gobierno de Nicolás Maduro con expulsión de los diplomáticos venezolanos en Bolivia, reconocimiento al gobierno de Juan Guaidó, acuerdo con Cuba para el retiro de cientos de agentes cubanos que operan en Bolivia lo cual comenzó a ejecutarse el 16NOV19 desde el aeropuerto de Santa Cruz. Estos son los primeros anuncios realizados por la ministra de Relaciones Exteriores de Bolivia, la académica Karen Longaric, designada por la presidente Jeanine Añez quien asumió la presidencia el 11NOV20. La consigna procubana de "patria o muerte" fue retirada de los cuarteles de Bolivia por orden de Añez.

*****

La operación para evacuar a Evo Morales de Bolivia el 11NOV20, luego que presentara su renuncia al cargo presidencial, se convirtió en la primera acción internacional de gobierno del llamado Grupo de Puebla, el nuevo frente creado por la izquierda castrochavista del Continente. Aun en condición de presidente electo, el argentino Alberto Fernández junto a la cancillería del gobierno de México habría sido el motor de las intensas comunicaciones entre diversos gobiernos del Continente para garantizar transporte y seguridad a Morales en su salida de Bolivia.

*****

Desde varios días antes de la renuncia de Morales a su cargo, actuado en coordinación con el gobierno de México, Fernández habría entrado en contacto con los mandatarios o cancilleres de Perú, Ecuador, Chile, Paraguay, Uruguay, Brasil y España para procurar una ruta para la evacuación del boliviano. Diversas fuentes aseguran que el presidente de Paraguay Mario Abdo Benítez habría incluso ofrecido recibir a Morales en condición de invitado, aunque ya la opción aceptada fue la de viajar a México en una operación que sería efectuada por la fuerza aérea mexicana.

El 05NOV19, en su primer viaje al extranjero luego de ser electo presidente de Argentina, Fernández fue recibido por López Obrador en Ciudad de México. La visita a México del electo argentino había sido coordinada por el chileno Marco Enríquez-Ominami como una actividad del Grupo de Puebla. La versión oficiosa del encuentro, que no tuvo carácter oficial, señala que AMLO habría manifestado su decisión de no vincular su gobierno al Grupo de Puebla aunque él personalmente se reconoce como uno de sus impulsores y fundadores. La creación de un "Eje México-Buenos Aires" al menos en términos publicitarios no pareciera del gusto del mandatario mexicano pero, en la práctica el gobierno de AMLO ya había decidido actuar en combinación con el próximo gobierno argentino.

Tras su visita a México, Fernández regresó a Buenos Aires donde sería el anfitrión de la Segunda Reunión plenaria del Grupo de Puebla. La noche del 08NOV19 en un local conocido como Café Las Palabras, Fernández celebró y brindó por Lula da Silva quien ese mismo día abandonaba la cárcel. Las fotografías divulgadas por el propio grupo muestran levantando copa al colombiano Ernesto Samper, a la brasileña Dilma Rousseff, al uruguayo Pepe Mujica, al paraguayo Fernando Lugo y el chileno Marco Enríquez-Ominami entre otras celebridades de la izquierda local y regional. Las celebraciones por la suerte de Lula habrían rápidamente dado paso a la consideración de los acontecimientos en Bolivia donde ya la policía había decidido desconocer las órdenes de Morales.

*****

El sábado 09NOV19 Morales salió de La Paz en dirección al Chapare aunque previamente ofreció una rueda de prensa desde las instalaciones presidenciales del aeropuerto de El Alto. Ante la evidencia de la falta de respaldo militar, Morales regresa el domingo nuevamente al Chapare, la región controlada por los gremios cocaleros, desde donde anunció la decisión suya y del vicepresidente García Linera de presentar sus renuncias. Según la Constitución de Bolivia, la renuncia presidencial debe ser admitida o negada por la Asamblea Legislativa Plurinacional formada por diputados y senadores y en la cual el partido de Morales contaba con sobrada mayoría. Según fuentes consultadas, la carta datada el día 10NOV19 y en la cual calificaba su decisión como una "renuncia obligada (…) producto de un golpe de estado político cívico policial", buscaba provocar una sesión parlamentaria en la cual se negara la renuncia de Morales quien regresaría triunfante a La Paz. Durante su mandato, Morales ha cuidado de no confrontar públicamente a los jefes de las fuerzas militares y en su carta no se refirió a un "golpe militar".

El rápido deterioro de la situación de orden público, el fracaso de los "movimientos sociales" de Morales para confrontar las protestas opositoras y tomar control de La Paz, la posición pública del alto mando militar que sugirió la renuncia presidencial, la difusión el 10NOV19 de un comunicado del Grupo de Auditores Proceso Electoral en Bolivia de la OEA mostrando evidencias de fraude electoral y, el consejo de sus socios internacionales llevaron a que Morales el 10NOV19 se decidiera por la opción de salir del país. Nuevamente el régimen cubano optó, como lo había recomendado Fidel Castro a Hugo Chávez durante la crisis venezolana de abril de 2002, por preservar un activo político mediante su salida del país.

La retoma del poder por parte de Morales como consecuencia de maniobras legislativas, el regreso para presentarse como candidato en unas inminentes elecciones en un marco de ingobernabilidad eran escenarios que corría ese día en la mente de Morales y sus socios extranjeros. Dado el cerco de protección que Cuba mantiene sobre Morales, desde sus médicos y enfermeros personales hasta servicios de inteligencia, todo señalaba que el régimen cubano "permitió" la caída de su aliado boliviano.

*****

La Fuerza Aérea de México destino un Gulfstream G550 para la operación de evacuación de Evo Morales. La aeronave realizó una ruta desde México, con dos paradas en Perú camino a Bolivia, llegando a media tarde del 11NOV19 al aeropuerto de Chimoré (departamento de Cochabamba) donde embarcaron Morales, el vicepresidente renunciante Álvaro García Linera y otros miembros del saliente gobierno boliviano. El viaje prosiguió a Asunción y tras cuatro horas de espera, la aeronave parte a México volando sobre Brasil bordeando Bolivia para luego sobrevolar Perú, evadiendo Ecuador, buscando espacio aéreo internacional sobre el Pacífico. En las coordinaciones, además de la cancillería de México, actuó el argentino Alberto Fernández con apoyo del mandatario paraguayo Mario Abdo Benítez.

Además de coordinar el salvataje de Morales, el Grupo de Puebla comenzó pronto a respaldar internacionalmente la opción electoral para el regreso de Evo Morales a la Presidencia. Mientras Morales se mostraba deshojando margaritas en Ciudad de México, el abogado español Baltasar Garzón, actuando en nombre de un "Consejo Latinoamericano de Justicia y Democracia" adelantaba acciones ante la Comisión Interamericana de Derechos Humanos de la OEA para que le garantizaran a Morales el "derecho" a participar nuevamente en las venideras elecciones bolivianas. El denominado "Consejo Latinoamericano de Justicia y Democracia" es en realidad unas siglas creadas por el Grupo de Puebla.

Evo Morales alcanzó la Presidencia de Bolivia para su tercer mandato en 2014 violando las reglas constitucionales sobre reelección y se presentó igualmente en 2019 para un cuarto mandato, alegaba que la reelección indefinida sería un "derecho humano". La base de tal afirmación es una dudosa interpretación de la Convención Americana sobre Derechos Humanos de 1969. Los abogados del Grupo de Puebla con Garzón al frente insistían en el "derecho" de Morales a presentarse nuevamente como candidato pese a lo establecido en la Constitución de Bolivia.

*****

Al anochecer del 10NOV19, la situación en Bolivia era de un virtual vacío de poder tras las renuncias de Evo Morales, del vicepresidente García Linera, de la presidenta del Senado Adiana Salvatierra y el primer vicepresidente del Senado Rubén Medinacel ambos del partido de Morales, además de la renuncia del Presidente de la Cámara de Diputados Victor Borda. La senadora opositora Jeanine Áñez Chávez, Segunda Vicepresidenta del Senado decidió convocar a una sesión conjunta de las Cámaras para considerar la renuncia presidencial. Los parlamentarios seguidores de Morales, alegando falta de protección, decidieron no atender la convocatoria en lo que era una clara maniobra para impedir que la carta de renuncia fuera aprobada o rechazada. Morales, quien a esa hora sobrevolaba el Pacífico, estaba jugando al caos institucional en su país. La carta de Morales finalmente no fue considerada por los parlamentarios para decidir la sucesión presidencial.

La senadora Áñez tomó posesión de la Presidencia del Senado y automáticamente asumió la Presidencia de la República amparada en el mandato constitucional que estable el abandono del cargo como una "ausencia o impedimento definitivo". "Se materializa la ausencia definitiva por el abandono del territorio nacional por parte del presidente y el vicepresidente" proclamo Añez. Comenzaba así un lapso de un año durante el cual las fuerzas democráticas bolivianas, con poca unidad de criterios y conducción, intentaron desmontar el aparataje instalado por Evo Morales en el Estado boliviano.

Los líderes opositores cívicos, encabezados por Luis Fernando Camacho, había estado propugnando la renuncia de Morales, la disolución del parlamento y la instalación de un gobierno transitorio integrado por "notables" representantes de diversos sectores y departamentos. El abandono de los cargos directivos de la Asamblea Legislativa por los seguidores de Morales abrió la opción para que la oposición asumiera la Presidencia de Bolivia dentro de un esquema totalmente apegado a la Constitución.

*****

La presidente Añez rápidamente logró conformar un gobierno mediante la designación parcial de un gabinete ministerial el cual fue juramentado la noche del 13NOV19 y que incluía a representantes de diversas tendencias opositoras. Las designaciones ministeriales quedaron completadas el 15NOV19. Añez igualmente procedió a cambiar a todos los altos jefes militares incluyendo al Comandante de las Fuerzas Armadas, al Jefe del estado Mayor y los comandantes del Ejército, Fuerza Aérea y de la Armada.

El saliente Comandante de las Fuerzas Militares, general Williams Kaliman, había sido el autor de la proclama del 11NOV20 mediante la cual el cuerpo militar recomendó a Morales la renuncia al cargo para permitir "la pacificación y el mantenimiento de la estabilidad". Los militares designados por Añez, según fuentes consultadas, fueron oficiales con altas calificaciones que habrían sido relegados por Morales por consideraciones políticas. El nuevo gabinete incluía a la dirigente indígena Martha Yujra.

*****

Desde la instalación de Añez se produjeron encuentros entre el nuevo gobierno con dirigentes de diversos sectores políticos y representantes del MAS en procura de reglas de convivencia y para acordar los términos de las elecciones. La Unión Europea, el gobierno español y la Iglesia Católica servían como puentes para estas negociaciones a las cuales se sumaría en breve el enviado de la ONU Jean Arnault.

El 14NOV19 los seguidores de Morales que hacían mayoría en el parlamento fue designaron una nueva directiva del Senado el cual quedó presidido por la senadora Eva Copa del partido MAS. En tanto Morales quien el 15NOV19 ya estaba en México, afirmaba ante la prensa que él continúa siendo presidente de Bolivia. El tema del regreso de Morales a Bolivia y su participación como candidato eran de los asuntos que claramente distancian a las dos fuerzas en pugna.

El MAS pedía garantías para que Morales no fuera encarcelado y sometido a procesos judiciales en su eventual regreso a lo cual el gobierno de Añez se negaba a comprometerse. Mientras las cabezas políticas del MAS participaban en las negociaciones, en varios lugares del país se registran bloqueos de rutas que impedían el suministro de alimentos y combustible a las principales capitales, mientras se registraban actos e intentos de sabotaje contra instalaciones gasíferas.

Maniobras legislativas, mantener focos de violencia callejera con apoyo de agentes extranjeros tratando de ahorcar la economía, y en paralelo cooperar en la organización de nuevas elecciones eran parte del repertorio que analizaba Morales con sus aliados internos y externos.

15. PUGNA POR LA OEA

El gobierno de Colombia ofreció la ciudad de Bogotá para servir como sede de la reunión de los ministros de relaciones exteriores de los países signatarios del Tratado de Asistencia Recíproca Tiar convocada para considerar el "tema Venezuela".

Oficialmente se trataba de la continuación de la Trigésima Reunión de Consulta celebrada el 23SEP19 en Nueva York cuando "se activó" el Tiar sobre Venezuela. El encuentro previsto para el 03DIC19 no se realizaría en la sede de la Cancillería colombiana sino en un hotel bajo la coordinación de la OEA. El propósito de la sesión en Bogotá era conocer los resultados del trabajo acordado en la reunión de Nueva York en la cual los gobiernos se comprometieron a "elaborar un listado consolidado" de "personas y entidades asociadas al régimen de Nicolás Maduro involucradas en actividades ilícitas de lavado de activos, tráfico ilegal de drogas, terrorismo y su financiación y vinculadas a redes de delincuencia organizada transnacional (…) personas que ejercen o han ejercido como altos funcionarios del régimen de Nicolás Maduro y que hayan participado en hechos de corrupción o violaciones graves a los derechos humanos (…) "a los fines de utilizar todas las medidas disponibles para investigar, perseguir, capturar, extraditar y sancionar a los responsables y disponer el congelamiento de sus activos".

Elliott Abrams, el representante especial del Departamento de

Estado de EEUU para Venezuela, adelantó el 27NOV19 que su gobierno esperaba durante la reunión de Bogotá "adoptar restricciones coordinadas de viaje regional y denegaciones de visa contra varias decenas de funcionarios del régimen de Maduro".

*****

El Tiar está integrado por los gobiernos de Argentina, Bahamas, Brasil, Chile, Colombia, Costa Rica, El Salvador, EEUU, Guatemala, Honduras, Haití, Panamá, Paraguay, Perú, República Dominicana, Trinidad / Tobago, Uruguay y el gobierno de Juan Guaidó por Venezuela. El saliente gobierno de Uruguay, el único que votó en contra de la activación del Tiar para Venezuela, solicitó su retiro de la organización. La ausencia de México y Argentina, dos de las tres mayores economías latinoamericanas, claramente reduciría el impacto regional del paquete de sanciones contra jerarcas y empresas del régimen chavista.

El 25NOV19 el ex prisionero político venezolano Iván Simonovis, quien operaba en EEUU como Comisionado Especial de Seguridad e Inteligencia del gobierno Guaidó, dijo en su cuenta Twitter que los miembros del Tiar "daremos un paso decisivo e histórico para acabar con la exportación de la anarquía en nuestra región. Solo una respuesta proporcional a esta amenaza, evitará el caos en Latinoamérica". Simonovis no especificó el carácter de esas medidas.

*****

El nuevo gobierno argentino que tomaría posesión el 10DIC19 ya comenzaba un mes antes a entroncar con México su política hacia Venezuela. Alberto Fernández y López Obrador AMLO son fundadores del Grupo de Puebla.

Anular el reconocimiento a Juan Gauidó y dejar sin efecto las credenciales diplomáticas de la Embajadora de Guaidó en Buenos Aires, formaría parte de decisiones que el gobierno de Alberto Fernández tomaría en las primeras de cambio. Además, la tendencia sería mantener temporalmente a la Argentina dentro del Grupo de Lima (como lo hizo México al llegar AMLO a la Presidencia) pero simultáneamente comenzar a participar en el Grupo de Contacto promovido por la Unión Europea o, intentar revivir el "Mecanismo de Montevideo" creado por AMLO y el uruguayo Tabaré Vázquez, este último todavía permanecería en su cargo hasta el 29FEB20. Los gobiernos parte del "Mecanismo de Montevideo" no reconocen al "gobierno Guaidó" y propugnan un esquema de negociación entre los "actores" venezolanos.

Aun si tomar posesión de la Presidencia, Fernández envió a un representante para que participara en el encuentro del "Mecanismo de Montevideo" realizado el 15NOV19 en Ciudad de México, donde se congregaron el Secretario de Exteriores mexicano Marcelo Ebrard con su colega uruguayo Rodolfo Nin Novoa además de representantes diplomáticos de Barbados y Trinidad y Tobago en nombre del Caricom. El enviado argentino fue Gustavo Béliz, exministro kirchnerista y quien según los rumores bonaerenses de esos días ocuparía un alto cargo en el gobierno de Alberto Fernández. Belíz, en efecto, se convertiría en el Secretario de Asuntos Estratégicos de la Presidencia argentina desde el inicio del gobierno de Fernández.

En su declaración del 15NOV19 el Mecanismo de Montevideo rechazó la invocación del Tiar para Venezuela y reiteró su oferta para un proceso de diálogo entre "todos los sectores" en Venezuela. En condición de presidente electo, Alberto Fernández, igualmente, sostuvo un encuentro con el uruguayo-español Enrique Iglesias quien actúa en calidad de representante especial de la Unión Europea para Venezuela, con quien discutió el tema de "una salida negociada" para la crisis venezolana.

*****

Finalizando el mes de noviembre, ya muchos daban como un

hecho que el próximo ministro de relaciones exteriores argentino sería el exgobernador de Buenos Aires Felipe Solá. En declaraciones para Luis Novaresio del 25NOV19, Solá, fundador también del Grupo de Puebla, aseguró que en Venezuela "si hay libertad de expresión", dijo que la "democracia en Venezuela está en dudas" y "que es una democracia un poco extraña" aunque aclaró que "yo no vivo allá".

El "tema Venezuela" fue tratado entre los gobiernos saliente y entrante en Argentina a propósito del listado de mandatarios a los cuales el Ministerio de Relaciones Exteriores envió invitación oficial para presenciar el cambio de mando el 10DIC19. Nicolás Maduro no fue incluido en el listado oficial de las invitaciones transmitidas a mediados del mes de noviembre y el 28NOV19 circuló en los medios de Buenos Aires la versión sobre la decisión final de Fernández, transmitida a la cancillería de Macri, en el sentido de no extender convite a Maduro.

Felipe Solá se había referido a una diplomacia "no ideologizada" que impondrá el gobierno de Fernández, curiosamente la misma expresión usada por el gobierno brasileño de Jair Bolsonaro para definir su propia diplomacia. Por cierto, el 27NOV19 desde Manaos, Bolsonaro dejó saber que mantendrá una "relación pragmática" con el nuevo gobierno kirchnerista de Argentina. La delegación brasileña a los actos de toma de posesión en Argentina será de bajo nivel encabezada por el Ministro de la Ciudadanía Osmar Terra, dejando entrever un muy probable enfriamiento en las relaciones entre Brasilia y Buenos Aires.

******

La elección del Secretario General de la OEA es un asunto que se había estado debatiendo sigilosamente entre las cancillerías del Continente ya desde finales del año 2018 y de manera intensa y casi pública cuando mediaba el año 2019. El "tema Venezuela" y el compromiso de Luis Almagro con una línea dura ante el régimen chavista sobrevolaba en las evaluaciones de cada país en relación a la Secretaría General del organismo. En marzo del 2020 los miembros de la OEA deberían pronunciarse entre la reelección de Luis Almagro o la escogencia de otro Secretario. Los gobiernos de Colombia, Costa Rica, EEUU, Ecuador y Brasil ya habían adelantado su posición favoreciendo un segundo mandato de cinco años para el uruguayo Almagro.

Aparte del rechazo que Almagro generaba en gobiernos izquierdistas como los de Nicaragua, Suriname o San Vicente y Granadinas, existía la percepción generalizada de que el entonces Secretario General podría reunir los dieciocho votos necesarios para continuar en el cargo. Almagro, tras los resultados electorales en Uruguay que favorecieron a Luis Lacalle Pou, podía contar con el voto de su país que le era negado por el gobierno saliente de Tabaré Vázquez.

******

El 27NOV19 aparecieron dos candidaturas para rivalizar con Almagro. Ese día en el Palacio de Torre Tagle, sede de la cancillería peruana, los embajadores de los países miembros de la OEA acreditados en Perú fueron congregados para un inusual encuentro con el presidente Martín Vizcarra. El mandatario peruano informó que su gobierno presentaba a consideración el nombre del embajador Hugo de Zela Martínez para la Secretaría General de la OEA. Zela Martínez, quien en ese momento representaba al Perú ante el gobierno de EEUU, fue el Jefe del Gabinete del Secretario General de la OEA durante el segundo mandato del chileno José Miguel Insulza. La candidatura de Zela Martínez aspiraba a ser presentada como una opción en caso de que se polarice la elección entre los amigos de Almagro y los no pocos gobiernos que han dejado saber su animosidad ante la gestión y el estilo del Secretario.

Mientras el gobierno peruano mostraba su ficha, la ecuatoriana María Fernanda Espinosa, mediante una entrevista con la agencia EFE, confirmó el 27NOV19 su aspiración al cargo que ocupa Almagro. Espinoza fue Ministra de Relaciones Exteriores y de Defensa durante el gobierno del izquierdista Rafael Correa y repitió como canciller durante los primeros días del gobierno de Lenin Moreno desde donde instrumentó una campaña internacional para ser electa Presidenta de la Asamblea General de la ONU del año 2018. Vinculada personalmente con el gobierno sandinista de Nicaragua, Espinoza sería la candidata de la izquierda continental en un abierto frente anti-Almagro para lo cual decía contar con el respaldo de "muchos de los países del Caribe y otros países del continente".

La postulación de Espinoza fue previamente anunciada por el representante de Antigua y Barbuda en la OEA, el embajador sir Ronald Sanders, quien aseguró que el Caribe, que equivale a más de una decena de votos, respaldaría a Espinoza. La ecuatoriana no contó con el respaldo del gobierno de su país el cual mantuvo su decisión de votar por la reelección de Almagro. Espinoza estaba lanzando su candidatura con el visto bueno de los gobiernos de Cuba y de Nicolás Maduro, ninguno de los cuales vota en la OEA.

La Asamblea General de la OEA para elegir al nuevo Secretario General estaba convocada para el 20MAR20.

16. ARGENTINA CAMBIA DE BANDO

El primero mandatario extranjero en sostener una reunión oficial con el nuevo gobierno de Argentina fue Miguel Díaz-Canel. El cubano permaneció en Buenos Aires para cuatro días de intensa actividad proselitista. Alberto Fernández parecía intentar llevar adelante una política exterior que combine su tendencia izquierdista muy cercana con el castrochavismo continental pero preservando buenas relaciones con EEUU y Brasil. Pero a su vez procura ayudar a restituir gobiernos de izquierda en el Continente comenzando pronto por Bolivia, lo que es un propósito del Grupo de Puebla del que Fernández es uno de sus fundadores y promotores. La llegada el 12DIC19 de Evo Morales a Buenos Aires para residenciarse y desde allí dirigir las acciones políticas de los suyos en Bolivia, despejaba dudas sobre las líneas que dominarían la acción exterior del cuarto gobierno kirchnerista.

*****

Sólo cuatro mandatarios extranjeros asistieron a los actos de inicio del nuevo gobierno argentino: el paraguayo Mario Abdo Benítez, el uruguayo Tabaré Vázquez (acompañado del presidente electo Lacalle Pou), el cubano Miguel Díaz-Canel y la primer ministro serbia Ana Brnabić. Entre los invitados oficiales se encontraron los expresidentes Rafael Correa, Pepe Mujica, Fernando Lugo y un enviado de Lula da Silva. Por cierto, el ceremonial de Fernández incluyó dos delegaciones por Brasil al momento del saludo de las misiones oficiales extranjeras: el vicepresidente Hamilton Mourão y a Celso Amorim quien fue canciller de Lula da Silva y quien no representaba a ningún gobierno.

*****

Incluso antes de tomar posesión del cargo, Fernández puso fin a la política impulsada por Mauricio Macri contra el régimen de Nicolás Maduro. El gobierno Macri fue uno de los pocos que en Latinoamérica efectivamente impuso sanciones migratorias y financieras a los altos jerarcas del régimen chavista. A mediados del año 2019 la lista de funcionarios venezolanos con prohibición de ingreso a Argentina sumaban 426, además de serias restricciones dentro del sistema financiero argentino para la realización de transacciones por parte del gobierno Maduro. Las acciones de Macri se correspondían con las decisiones del Grupo de Lima para desconocer al régimen chavista y dar fuerza al "gobierno Guaidó".

En una obvia maniobra propagandística, Fernández y Nicolás Maduro decidieron que Jorge Rodríguez viajaría a Buenos Aires para los actos de ascensión. Rodríguez, quien es uno de los altos jerarcas del régimen chavista, estaba incluido en el listado de personas con prohibición de ingreso a Argentina no sólo por decretos emitidos por Macri sino incluso por la decisión de los gobiernos miembros del Tiar del 03DIC19. Según diversas fuentes, Rodríguez viajó desde Venezuela a bordo de un avión de matrícula turca para evadir una eventual prohibición de sobrevuelo por parte de Brasil.

*****

Las relaciones entre la Casa Blanca y Alberto Fernández parecían moverse hacia una zona de confort desde el triunfo del argentino el 27OCT19.

Fernández recibió el 01NOV19 una llamada telefónica desde la Casa Blanca en la cual Donald Trump le manifestó su interés por conocerlo y le ofreció el apoyo de EEUU para las negociaciones por la deuda con el Fondo Monetario Internacional. A la Casa Blanca habían llegado informes sobre la disposición de Fernández de mantener relaciones no confrontacionales con EEUU en contraste con su socia y ahora vicepresidenta electa Cristina Kirchner. "Espero poder conocerlo inmediatamente. Su victoria ha sido comentada en todo el mundo" le habría dicho Trump a Fernández quien comenzó a soñar con una pronta visita a la Oficina Oval. La conversación había sido tramitada por el exembajador argentino en Washington Jorge Argüello y recomendada por el embajador de EEUU. Pocas horas después Fernández viajó a Ciudad de México para reuniones con Manuel López Obrador y empresarios mexicanos. En México se produjo un encuentro entre Fernández y el poderoso responsable del Hemisferio Occidental en el Consejo de Seguridad Nacional de la Casa Blanca Mauricio Claver-Carone. En un almuerzo de trabajo en la Embajada de EEUU en Ciudad de México el 06NOV19, se habría confirmado el interés de ambas partes por mantener relaciones pragmáticas. Curiosamente, Claver-Carone salió de aquella reunión, al parecer, persuadido de que el nuevo gobierno argentino de obvio matiz izquierdista, podría permanecer como un aliado regional de Washington. Según La Nación de Buenos Aires, el empresario argentino y asesor especial de Luis Almagro en la OEA, Gustavo Cinosi, movió sus hilos en Washington para facilitar el encuentro. El propio Fernández hizo circular una foto suya con el enviado de Washington como señal de las relaciones que comenzaba a crear con EEUU.

Con ese ambiente favorable, Fernández envió a Washington a quien designaría como su Ministro de Economía, Martín Guzmán, quien entró en contacto con funcionarios del Departamento del Tesoro de EEUU que abrieron puertas en el Fondo Monetario Internacional. "Hicimos una agenda de trabajo en México (...) le recomendé al presidente [Trump] que hablara y que creara una relación, que creo que son muy positivas" confesó Claver-Carone el 10DIC19 a la periodista Natasha Niebieskikwiat del diario Clarín. Negociar con el FMI un nuevo cronograma de pagos de la deuda que incluya una moratoria de dos años es uno de los objetivos que se proponía el gobierno kirchnerista mientras la Casa Blanca se mostraba dispuesta a darle respaldo.

*****

Para la toma de posesión de Fernández, la Casa Blanca designó una delegación presidida por el Secretario de Salud Alex M. Azar e integrada por el Embajador en Buenos Aires Edward C. Prado, la asistente presidencial Emma K Doyle, el asesor presidencial y Director Principal de Asuntos del Hemisferio Occidental en el Consejo de Seguridad Nacional Mauricio Claver-Carone y, el Subsecretario (Secretario Adjunto) Interino jefe de la Oficina de Asuntos del Hemisferio Occidental del Departamento de Estado embajador Michael G. Kozak. Salvo por la presencia de Claver-Carone, la delegación enviada por Trump era de muy bajo rango político. La jugada de apostar por Fernández era una iniciativa del sector militante contra el eje castrochavista desde la Casa Blanca y no del Departamento de Estado, así que el jefe político real de aquella delegación era Claver-Carone. En la agenda oficial se acordó que además de asistir a los actos públicos, la delegación de EEUU sería recibida el 11DIC19 en la Casa Rosada para un almuerzo de trabajo con Fernández y su flamante ministro de Exteriores Felipe Solá.

*****

A mediodía del 10DIC19 cuando se conoció de la presencia de Jorge Rodríguez en Buenos Aires, Claver-Carone dejó saber a la prensa su decisión de no asistir a la juramentación de Fernández en la sede del Congreso y de partir inmediatamente a EEUU.

Actuando como si se tratara del jefe de la delegación, Claver-Carone dijo al diario Clarín que "desafortunadamente, debido a unas invitaciones y a algunas sorpresas que recibimos al llegar, decidí no ir y me voy temprano. No voy a tener las reuniones de trabajo que tenía programadas para mañana". El jefe de la delegación Alex Azar asistió a la sesión del Congreso donde a pocos pasos se encontraban el enviado de Maduro. Azar luego se dirigió a la Casa Rosada para el besamanos protocolar a Fernández donde fue colocado por el ceremonial del nuevo gobierno en la posición número veintidós de la fila de espera, atrás incluso del exministro de exteriores de Brasil Celso Amorim quien asistía como representante del enjuiciado expresidente Lula da Silva.

En tanto, los encargados de organizar el acto colocaron al enviado de Maduro, el ministro y "vicepresidente sectorial" Jorge Rodríguez, en la privilegiada posición siete de la lista del saludo protocolar y fotografía alegando que se trataba del "vicepresidente" de Venezuela aunque en realidad no lo era.

En horas de la noche del 10DIC19 Azar y Claver-Carone despegaron rumbo a Washington dejando en Buenos Aires al subsecretario Kozak en caso de que Fernández mantuviera la reunión del día siguiente. Siendo Kozak un funcionario de cuarto escalón y dada su condición de interino, la acción de Claver-Carone hacía saber la molestia con la cual los enviados de Trump se retiraban. Las endebles simpatías entre la Casa Blanca cultivadas por el entrante mandatario de Argentina y su equipo recibieron un fuerte golpe. Pese a la ausencia de casi toda la delegación estadounidense, Fernández celebró el almuerzo previsto al cual sólo asistió el subsecretario Kozak, el embajador de EEUU en Argentina y varios funcionarios de su embajada. La estrategia de Fernández, de ejecutar una diplomacia "progresista" engranada con castrochavismo continental en paralelo con buenas relaciones con EEUU, sufrió un primer revés que en Buenos Aires algunos adjudican al ala kirchnerista del gobierno que arrancaba.

*****

En su discurso de veintitrés páginas leído en el acto de toma de posesión, Alberto Fernández sólo se refirió a un país extranjero: Brasil. "Vamos a robustecer el MERCOSUR y la integración regional, en continuidad con el proceso iniciado en 1983 y potenciado desde 2003. Con la República Federativa del Brasil, particularmente, tenemos para construir una agenda ambiciosa, innovadora y creativa, en lo tecnológico, productivo y estratégico, que esté respaldada por la hermandad histórica de nuestros Pueblos y que va más allá de cualquier diferencia personal de quienes gobiernan la coyuntura. La vamos a honrar, vamos a avanzar juntos en la construcción de un futuro de progreso compartido".

Jair Bolsonaro públicamente apoyó la reelección de Mauricio Macri y no dudó en atacar la candidatura de Fernández. El 16JUL19, poco antes de viajar a Argentina para una cumbre del Mercosur, Bolsonaro afirmó para el diario Clarín que "si vuelve la gente de Cristina Kirchner yo creo que Argentina tendrá serísimos problemas". La visita de Fernández el 04JUL19 a Lula da Silva quien permanecía preso en Curitiba cumpliendo condena por corrupción, generó especial molestia en el Palacio de Planalto. En sus declaraciones del 16JUL19 Bolsonaro acusó al "candidato de Cristina Kirchner" de pretender revisar el acuerdo comercial Mercosur-Unión Europea. "Y eso trae problemas económicos para Brasil, para Argentina, para Uruguay y para Paraguay. Estamos enfocados en la economía. Un gobierno con la economía débil no se sustenta. Y yo no quiero que Argentina siga la línea de Venezuela". Después, tras confirmarse el triunfo de Fernández, Bolsonaro dijo desde Catar "que Argentina eligió mal. El pueblo puso en el poder a quien colocó a la Argentina en un pozo antes". Bolsonaro no envió mensaje de felicitación a Fernández y manifestó su poco interés de enviar un representante a la asunción. La decisión de EEUU de enviar una delegación a Buenos Aires y gestiones del entorno de Fernández en Brasilia lograron hacer cambiar de posición a Bolsonaro quien finalmente delegó en el vicepresidente Hamilton Mourão la representación brasileña en los actos de Buenos Aires.

Antes de la toma de posesión, el equipo de Fernández encabezado por Sergio Massa y Jorge Argüello llevaron a Argentina congresistas del Partido Republicano de EEUU y a parlamentarios aliados de Bolsonaro para explicarles los planes del nuevo gobierno argentino.

*****

La respuesta al discurso de toma de posesión de Fernández llegó en la mañana del 11DIC19 desde las puertas del Palacio de Alvorada, residencia oficial de Bolsonaro en Brasilia.

El brasileño se mostró complacido por la extensa mención de Fernández en su discurso y asomó su disposición de recibirlo en una visita a Brasil. "El mejor comercio aquí en Suramérica en con Argentina", dijo Bolsonaro agregando que ""interesa a los dos continuar ese comercio". Bolsonaro, como ya hizo ante China, estaba dispuesto a asumir una posición pragmática ante el gobierno izquierdista de Argentina basada en los lazos comerciales. El 12DIC19 aterrizó en Brasilia el exvicepresidente argentino Daniel Scioli para sostener encuentros con el alto gobierno brasileño procurando fijar una pronta fecha para la visita de Fernández quien mostraba apuro en definir su primer periplo internacional. Las tensiones entre Bolsonaro y Fernández y la pandemia de COVID-19 hicieron que los dos mandatarios no se reunieran o se comunicaran telefónicamente hasta un año después, cuando el 30NOV20 lo hicieron mediante una teleconferencia.

Por cierto, Iván Duque y su entonces nueva ministra de exteriores Claudia Blum no viajaron a Argentina delegando la representación de Colombia en el ministro de Comercio José Manuel

Restrepo.

17. VENEZUELA ENTRE ARGENTINA Y BRASIL

El gobierno de EEUU sostuvo reuniones de trabajo en Washington con voceros de la alianza partidista que conforma el "gobierno Guaidó" durante la tercera semana de diciembre del año 2019.

En Washington confluyeron líderes de los partidos Voluntad Popular, Primero Justicia, Un Nuevo Tiempo y Acción Democrática. Entre los interlocutores estadounidenses se encontraron el representante especial para Venezuela Elliot Abrams y el encargado de Negocios de EEUU para Venezuela James B. Story. Interrogado por una corresponsal del New York Times en una rueda de prensa el 20DIC19 sobre la presencia de los venezolanos en Washington, Abrams dijo que "no vamos a hablar sobre las conversaciones que tenemos con los venezolanos. Desafortunadamente, no viven en un país libre". En esa rueda de prensa ofrecida en el Departamento de Estado, Abrams aseguró que Juan Guaidó contaría con los votos necesarios para ser reelecto el 05ENE20 por la Asamblea Nacional como su Presidente y, en consecuencia, continuaría ejerciendo como Presidente Encargado del poder Ejecutivo en Venezuela.

*****

El asunto de quién ejercía la representación efectiva de Venezuela en las Naciones Unidas surgió nuevamente el 18DIC19 en un debate del organismo.

Ese día la Asamblea General consideró el informe de la Comisión de Credenciales de la 74 Asamblea General correspondiente al año 2019. La comisión estaba integrada por Barbados, Botsuana, China, Mauricio, Nepal, Rusia, San Marino, EEUU y Uruguay. La Comisión de Credenciales es la encargada, cada inicio de periodo de sesiones durante el mes de septiembre, de recibir las credenciales de los representantes de cada país miembro así como las posibles impugnaciones presentadas por terceros países. En caso de impugnaciones, la comisión debe presentarlas a la Asamblea General que es el órgano que en última instancia decide sobre quienes representan legítimamente a un país. La Comisión aprobó sin votación su informe del año 2019 el 10DIC19 y el mismo fue aprobado sin votación en la sesión de la Asamblea General del 18DIC19. Dado que fue Nicolás Maduro quien presentó un listado de representantes ante la ONU y nunca fue impugnado por un tercer país, esa sería la representación de Venezuela en ese organismo a menos que se produzca un cambio de gobierno antes del mes de septiembre de 2020.

*****

En la sesión del 18DIC19 de la Asamblea General, tras ya haber sido aprobado el informe de la Comisión, el representante de Perú tomó la palabra en nombre del Grupo de Lima y otros gobiernos de la región. El diplomático peruano manifestó que la adopción del informe "no debe interpretarse como un reconocimiento tácito del régimen de Nicolás Maduro" dado que los gobiernos en nombre de los cuales hablaba reconocen a Juan Guaidó como jefe del Ejecutivo venezolano. Por su parte, el representante de Finlandia, asumiendo la vocería de la Unión Europea, recordó que a los efectos europeos las elecciones del 20MAY18 en las cuales Maduro basa su gobierno "no fueron creíbles y carecieron de legitimidad democrática". Diplomáticos de las dictaduras de Cuba, Irán, Siria y Nicaragua fueron los encargados de defender al régimen chavista en el debate. Las alas protectoras de Rusia y China y la mirada acomodaticia de una larga lista de dictaduras de todos los continentes sostenían en la ONU la presencia de Maduro.

*****

Apenas cuarenta y ocho horas después de la toma de posesión de Alberto Fernández como presidente de la Argentina, un emisario suyo viajó a Brasil para ratificar el altísimo interés del nuevo huésped de la Casa Rosada en tener activas relaciones con Jair Bolsonaro.

El exvicepresidente argentino Daniel Scioli llegó el 12DIC19 a Brasilia para una audiencia con el vicepresidente y general Hamilton Mourão quien había estado en Buenos Aires representando a Bolsonaro en la ascensión de Fernández. Pese a las prisas del besamanos en la Casa Rosada, Fernández habría pedido a Mourão que llevara a Bolsonaro no sólo los protocolares saludos y agradecimientos sino el mensaje sobre la relevancia que le daba a aproximarse y trabajar en coordinación. Fernández le pidió a Mourão que recibieran en las próximas horas una visita de Scioli quien además de contar con buen tránsito en Brasilia ya había sido señalado como el nuevo Embajador argentino ante Brasil.

*****

La reunión con Scioli fue autorizada por Bolsonaro pero se le advirtió que no sería recibido por el Presidente. Tampoco lo atendería el canciller Ernesto Araújo quien andaba de gira africana. Dos puntos quedaron patentes: el nuevo gobierno argentino tenía prisa en limar las gruesas asperezas con Bolsonaro y, el clan Bolsonaro incluyendo al canciller se muestra reticente ante los avances del kirchnerista. Mourão transmitió buenas señales a Scioli sobre un inicial cambio de actitud de Bolsonaro ante Fernández. La nueva cancillería argentina procedió a solicitar el placet para Scioli el cual fue aprobado por Itamaraty el 18DIC19 en un plazo rápido de veinticuatro horas interpretado como una señal de distensión. Del Bolsonaro que amenazaba con romper relaciones con Argentina y expulsarla de Mercosur en caso de un triunfo kirchnerista, los nuevos gestos diplomáticos parecían indicar que se abrirían canales de contacto.

Fuentes consultadas en Brasil para el Informe Otálvora en aquel entonces, aseguraban que tanto en la toma de posesión en Buenos Aires como en reuniones con emisarios de Fernández llegados a Brasilia, el alto gobierno brasileño recibió un preciso mensaje del presidente argentino. Fernández necesita el apoyo de Bolsonaro no sólo como socio comercial ante una inminente crisis económica argentina, sino como un apalancamiento político que le sirva para compensar el radicalismo de la "turma louca" de la vicepresidenta Cristina Kirchner.

*****

Todavía no estaba claro cómo podría operar el equilibrio en el interior de un gobierno argentino en el cual su Vicepresidenta había tenido públicos y escritos actos fallidos en los cuales se autodenomina como "presidenta". Fernández parecía estar procurandose sus propios apoyos externos.

El deseo de Alberto Fernández para tener a Bolsonaro en su lista telefónica tenía tres grandes enemigos. El clan Bolsonaro, los muchachos de Cristina y algunos altos cargos del gobierno de EEUU.

El clan Bolsonaro actúa ideológicamente y rechaza al kirchnerismo por ser una extensión castrochavista. "Pragmatismo significa siempre que la derecha se acomode a los intereses de la izquierda" había tuiteado el canciller Araújo tras conocerse el triunfo de Fernández. En noviembre, sin Fernández haber tomado posesión, ya la Comisión de Política Exterior y Defensa de Diputados de Brasil aprobó una moción de repudio al argentino. Esa comisión estaba presidida por el diputado Eduardo Bolsonaro, el "hijo 03" del presidente Bolsonaro y uno de los principales actores internacionales del bolsonerismo. El príncipe brasileño y operador internacional bolsonerista Luiz Felipe de Orleans e Bragança fue el autor de la moción en la comisión parlamentaria. El hecho de que el caso argentino lo estuviera manejando el vicepresidente Mourão, mal visto en esos días por el clan Bolsonaro, confirmaba la distancia con la cual ese grupo prefería mantenerse del nuevo gobierno de Argentina.

El kirchnerismo de Cristina, desde días antes de la toma de posesión, comenzó a crear situaciones que obviamente trataban dar al traste con los esfuerzos de Fernández para contar con un alto representante brasileño en su juramentación. Colocar en los primeros lugares de la fila protocolar del besamanos al ministro Jorge Rodríguez quien representaba a Nicolás Maduro e, incluir a un enviado de Lula da Silva, fueron "travesuras" kirhneristas propias de su diplomacia de confrontación.

Y el tercer grupo que estaba poco interesado en un amigamiento entre Fernández y Bolsonaro era uno que no por distante aparecía como menos relevante. El encargado del Hemisferio Occidental en el Consejo de Seguridad Nacional de la Casa Blanca Mauricio Claver-Carone y el Enviado Especial del Departamento de Estado para Venezuela Elliott Abrams, ambos en el mismo tono, habían exigido a Fernández una clara definición ante la dictadura de Nicolás Maduro. El asunto ideológico, la diplomacia dicotómica, con Maduro o con Guaidó, son criterios que harían poco sostenible una relación pragmática como la que buscaba Fernández quien no pretendía desconocer a Maduro y por el contrario se disponía a "normalizar" las relaciones.

*****

Fuentes castrenses brasileñas consultadas por el Informe Otálvora registraban preocupación por el potencial impacto que en Brasil pudiera tener una gran crisis económica argentina. Los sensores castrenses están activados y el caso fue elevado a conocimiento de Jair Bolsonaro. El Ejército de Brasil debió crear en el 2018 una fuerza de tarea humanitaria para ejecutar la Operación Acogida. El propósito de esa acción sin precedentes en Brasil era recibir, atender, movilizar y relocalizar a varias centenas de miles de venezolanos que aún no paraban de llegar. La crisis venezolana se les metió a los brasileños por el deshabitado y amazónico estado de Roraima. Una crisis argentina podría llegar en forma de masiva migración por los estados sureños de Río Grande del Sur, Santa Catarina y Paraná pensaban los analistas militares. Cuarteles adentro, en diciembre de 2019, ya se estaban dando los primeros esbozos a una hipotética Operación Acogida para argentinos y que esta vez no tomara por sorpresa a los brasileños. Brasil estaba alerta por el impacto negativo que pudiera tener en la pujante economía de la región gaucha la presencia desordenada de argentinos empobrecidos.

Las evaluaciones militares se mantuvieron en secreto por varias semanas. El 17DIC19 Jair Bolsonaro desde su cuenta en Twitter, mediante un hilo de dos tuiteos, develó la óptica con la cual el gobierno de Brasil mira la coyuntura económica de Argentina. La línea argumental de Bolsonaro es sencilla: la situación en Venezuela impactó a Brasil (aumento de violencia, población en la calle, empeora salud y educación), Fernández comenzó a tomar medidas económicas que llevarán a su país a ser otra Venezuela, ergo debe esperarse el impacto sobre los estados fronterizos brasileños del sur.

Alberto Fernández confía que en Brasilia y Washington desvinculen su imagen de la de Cristina Kirchner. Algunos en el alto gobierno brasileño estaban dispuestos a tenderle una mano a

Fernández.

18. RUSIA EN LA MANIOBRA CONTRA GUAIDO

Al comenzar el año 2020 y con el abierto apoyo del gobierno de Rusia, el régimen chavista intentaba crear un escenario en el cual internacionalmente se colocara en duda la Presidencia que ejercía Juan Guaidó sobre el poder legislativo venezolano que sustentaba, además, su posición de Presidente Encargado del Ejecutivo.

*****

El 05ENE20, las fuerzas militares controladas por Nicolás Maduro establecieron un férreo control para el acceso al decimonónico Palacio Federal, situado en el centro de Caracas, que es asiento de la Asamblea Nacional. Mediante una decena de puntos de control localizados algunos a centenas de metros del edificio, tropas de la Guardia Nacional se proponían dificultar el ingreso a la zona mientras grupos paramilitares hostigaban a los corresponsales de prensa que intentaban cubrir los eventos. Según reconoció el propio gobierno, la misión de los militares era impedir la entrada al Palacio Federal de un grupo de diputados opositores. El propósito obvio era quebrar la mayoría disponible por Guaidó para ser reelecto en la sesión de inicio del nuevo periodo legislativo Pero, en todo caso, el régimen procuraba crear una situación de caos que facilitara la realización de una sesión parlamentaria sin control de Guaidó y de la cual emergiera un eventual nuevo presidente afín a Maduro. El objetivo central del régimen era crear la sensación de una dualidad de jefatura en el poder legislativo venezolano.

*****

Contrastando listados elaboradas por el gobierno, los militares sometían a escrutinio a los diputados que intentaban ingresar al edificio del Parlamento. Según la periodista Madelin García del canal estatal castrochavista Telesur, los militares fueron provistos de listados contentivos de diputados "que tenían allanada su inmunidad, algunos con orden de captura, se les investigaba por eje por el intento de golpe de Estado del #30A". Es decir, los militares tenían órdenes de no permitir el ingreso de diputados que eran objeto de persecución política por el propio régimen. Sin precisar quien la emitió, la periodista García informó que "había una orden de no dejarlos ingresar pero con ellos @jguaido quien insistía o todos o nadie".

Al final del día 05ENE20, Guaidó resultó reelecto como Presidente de la Asamblea Nacional en una sesión realizada en los espacios del diario El Nacional al este de la ciudad. Un centenar de diputados que superaban el mínimo necesario de 84 votos, se pronunciaron nominalmente a favor de Guaidó. Pero previamente en el salón de sesiones de la Asamblea Nacional, parlamentarios del partido chavista PSUV en connivencia con una decena de diputados electos por la oposición, simularon la realización de una sesión parlamentaria, sin conteo de los asistentes y sin realizar una votación, al cabo de la cual anunciaron la elección del diputado Luis Parra como supuesto nuevo Presidente de la Asamblea. Parra fue inmediatamente reconocido por Maduro y con auxilio de la tropa tomó control de las oficinas protocolares de la Presidencia del parlamento.

Poquísimas horas después, en la mañana moscovita del 06ENE20, la cancillería rusa emitió un largo comunicado en el cual afirmaba que "El 5 de enero, en Venezuela se efectuó la estipulada por la legislación transferencia de la presidencia rotatoria en la Asamblea Nacional. Ahora la encabeza el representante de la oposición Luis Parra. Interpretamos la elección del nuevo dirigente del Parlamento como un legítimo procedimiento democrático que contribuye a reinsertar las luchas políticas en Venezuela en el marco constitucional".

Quedaba en claro que Rusia, el principal acreedor del régimen chavista y uno de sus sustentos de apoyo internacional, formaba parte del montaje. Si bien el vocero del Ministerio de Exteriores de China no mencionó a Venezuela en sus ruedas de prensa diarias, las agencias de noticias del gobierno chino comenzaron a referirse a Parra como presidente de la Asamblea Nacional. En suma, el régimen chavista con el activo respaldo de la diplomacia rusa, china y cubana buscaba imponer la tesis sobre la existencia de un nuevo presidente del legislativo venezolano diferente de Guaidó.

*****

Con el apoyo de los gobiernos de Bolivia, Costa Rica, Ecuador, Uruguay, Francia, Italia, Alemania, los Países Bajos, Panamá, Portugal, España, Suecia y del Reino Unido, con la sola abstención de Uruguay, el Grupo Internacional de Contacto para Venezuela emitió un comunicado en 09ENE20 en el cual se refería a la maniobra de Maduro. "La elección de Luis Parra no puede considerarse legítima ni democrática" afirmaba el texto. Ese mismo día, el español Josep Borrell, actuando en calidad de Alto Representante y vocero de la Unión Europea, emitió un comunicado oficial expresando que "la Unión Europea considera que la sesión de votación que condujo a la "elección" de Luis Parra no es legítima, ya que no respetó los procedimientos legales ni los principios constitucionales democráticos. La UE expresa su pleno apoyo a Juan Guaidó como Presidente de la Asamblea Nacional".

Resaltaba la mención expresa a Luis Parra y la calificación de ilegítima a su pretendida presidencia en ambos documentos elaborados bajo inspiración europea que se contraponían a la falsa realidad auspiciada desde Moscú.

*****

En enero del 2020, los cambios de orientación política en diversos gobiernos del Continente estaban impactando en la conformación de las alianzas que respaldan internacionalmente al "gobierno" de Juan Guaidó.

El nuevo gobierno de Argentina encabezado por Alberto Fernández, en su afán de mantener líneas de contacto con EEUU y Brasil, hacía esfuerzos por no mostrarse como un aliado incondicional de Maduro pero claramente abandonó la posición de activismo internacional que su predecesor Mauricio Macri había impulsado contra el régimen chavista. Sin separarse aún del Grupo de Lima, la cancillería de Fernández en manos de Felipe Solá se negó a suscribir los comunicados emitidos por el Grupo que condenaron "el uso de la fuerza y las prácticas intimidatorias contra los parlamentarios de la Asamblea Nacional" y saludaron la reelección de Guaidó.

La cancillería argentina emitió en solitario un comunicado calificando como "inadmisibles para la convivencia democrática los actos de hostigamiento padecidos por diputados, periodistas y miembros del cuerpo diplomático al momento de procurar ingresar al recinto de la Asamblea Nacional, para elegir a las nuevas autoridades de su junta directiva". Argentina, al igual que el gobierno mexicano de López Obrador, optaron por desmarcarse de la maniobra del régimen chavista pero sin distanciarse mucho. De hecho a las pocas horas de los sucesos en Caracas, la dirección de ceremonial de cancillería kirchnerista emitió una comunicación dirigida a Elisa Trotta Gamus, la enviada de Guaidó en Buenos Aires, notificándole que Argentina dejaba de reconocerla como representante diplomática de Venezuela. Argentina, de esta forma, oficialmente dejaba de reconocer la presidencia provisional de Guaidó.

El 10ENE20, la delegación de Argentina no votó la resolución que en la OEA condenó "el uso de la fuerza y tácticas intimidantes por parte del régimen de Nicolás Maduro" contra la Asamblea Nacional. Argentina prefirió abstenerse en la votación en el Consejo Permanente de la OEA. El gobierno argentino, además, retiró su apoyo a la reelección de Luis Almagro como Secretario General de la OEA y estaba por comprometer su voto a favor de la ecuatoriana María Fernanda Espinoza. La candidatura de Espinoza fue presentada por Antigua y Barbuda y San Vicente y las Granadinas y estaba siendo promovida por el eje castrochavista.

*****

Al contrario de Argentina, el gobierno de transición de Bolivia encabezado por Jeanine Áñez había dado un giro en apoyo a los sectores democráticos venezolanos distanciándose del eje castrochavista. Uno de los primeros pasos de política exterior de Áñez fue desvincular a su país de la organización ALBA liderada por los regímenes de Cuba y Venezuela. Luego Bolivia se sumó al Grupo de Lima y procedió a suscribir el comunicado del 05ENE20 generado ante las acciones violentas del régimen Maduro contra los diputados de la Asamblea Nacional. Pocas horas después, en un comunicado redactado en la noche del 05ENE20 y divulgado el 06ENE20 en el cual ya saludaba "la reelección de Juan Guaidó como Presidente de la Asamblea Nacional y Presidente Encargado de Venezuela", el Grupo saludó la incorporación de Bolivia. Por cierto, Guyana como miembro del Grupo de Lima firmó el comunicado del 05ENE20 pero se abstuvo de sumarse al del 06ENE20 ya que el gobierno de David Granger, como parte de sus pugnas territoriales contra Venezuela, no reconocía a Guaidó como Presidente del Ejecutivo venezolano.

El 09ENE20 Bolivia reiteró el cambio en su posición exterior en un contexto europeo. En el denominado "Grupo de Contacto" impulsado por la Unión Europea en procura de una solución negociada para Venezuela y en el cual intervienen gobiernos de Europa y Latinoamérica, los enviados de Evo Morales solían asistir pero sin suscribir los comunicados.

El 09ENE20, el Grupo de Contacto emitió un comunicado apoyando a Guaidó. Bolivia por primera vez suscribió el comunicado dejando solo al saliente gobierno de Uruguay que se negó a suscribirlo. En la OEA, el gobierno de Bolivia formó parte del grupo de catorce gobiernos que solicitaron una reunión extraordinaria del Consejo Permanente, celebrada el 10ENE20, para evaluar la situación de Venezuela y votar una resolución reconociendo la reelección de Juan Guaidó como Presidente de la Asamblea Nacional de Venezuela.

19. LOS AVIONES DEL CHAVISMO

Quince aeronaves ejecutivas utilizadas por el gobierno de Nicolás Maduro fueron incluidas por el Departo del Tesoro de EEUU en el listado de propiedades a ser bloqueadas o incautadas en territorio estadounidense. Además ciudadanos y empresas con intereses en EEUU quedaron impedidos de abastecer, rentar o comprar la flotilla que aparece como propiedad de la petrolera estatal Pdvsa. La medida que entró en vigencia el 21ENE20, además de entorpecer las actividades de la burocracia internacional petrolera del régimen, impactaba directamente en la logística de las intensas actividades internacionales de la alianza castrochavista.

*****

Por más de una década la flota sancionada por EEUU que incluye aeronaves para uso VIP, había servido como soporte a la movilización de personalidades, jefes de Estado, activistas, desde y hacia Venezuela. El activismo internacional del régimen chavista ha tenido en la flota de Pdvsa una de sus herramientas logísticas. El colombiano Ernesto Samper Pizano, el español José Rodríguez Zapatero, el boliviano Evo Morales, el nicaragüense Daniel Ortega, el primer ministro de San Vicente y las Granadinas y operador del castrochavismo en el Caribe Ralph Gonsalves, la excanciller argentina Susana Malcorra, entre incontables nombres, han sido usuarios de la flotilla de Pdvsa. De hecho el 28ENE15 cuando en Costa Rica se realizaba la última cumbre presidencial realizada del CELAC, en las pistas del Aeropuerto

Internacional Juan Santamaría que atiende a San José, permanecieron cinco de las aeronaves ahora sancionadas. En ellas había viajado parte de la delegación que acompañaba a Maduro así como mandatarios "amigos" especialmente caribeños.

*****

Las siglas YV correspondientes a las aeronaves venezolanas sirvieron al régimen chavista y a sus aliados internacionales para transitar por el mundo sin mayores limitaciones por parte de autoridades de seguridad. Incluso el gobierno de Cuba, por acuerdo entre Fidel Castro y Hugo Chávez, adoptó el uso de aeronaves con matrícula venezolana para los viajes internacionales de los altos jerarcas cubanos. Los jet Dassault Falcon 900EX y Dassault Falcon 50 con matrículas venezolanas YV2053 y YV-1128 asignados para el uso de la Presidencia y de la Cancillería de Cuba desde finales de la década pasada, no fueron incluido en el listado de Departamento del Tesoro de EEUU emitido el 21ENE20.

*****

Las sanciones impuestas a la flotilla de Pdvsa potencializaban el impacto de las sanciones establecidas por EEUU, casi todos los países de Europa y varios países de Latinoamérica que prohíben el ingreso a sus territorios de decenas de jerarcas chavistas. Desde 2017, Nicolás Maduro y los altos jefes del chavismo habían estado evadiendo aeropuertos europeos en sus movilizaciones aéreas convirtiendo a Argelia y Turquía en sus sitios preferidos para repostar.

El portal español Vozpópuli reveló que en la noche del domingo 19ENE20 arribó al aeropuerto de Barajas en Madrid una aeronave con matrícula de Turquía en la cual viajaba Delsy Rodríguez, la vicepresidente Ejecutiva del gobierno Maduro. Rodríguz viajaba junto a asistentes personales y al Ministro de Turismo del régimen Félix Plasencia quien asistiría a una feria en la capital española. El Secretario de Organización del PSOE y entonces Ministro de Transporte, el socialista José Luis Ábalos, se hizo presente en la terminal aérea y estuvo en contacto con Rodríguez quien tenía prohibición de ingreso a los países de la Unión Europea desde el 25JUN18.

Tras contradictorias versiones, el gobierno español aseguró que entre Ábalos y Rodríguez se produjo un "saludo forzado por las circunstancias" y que la funcionaria chavista "no ingresó a territorio de la UE" permaneciendo hasta la tarde del lunes 20ENE20 en una sala de espera (sala de frontera) del aeropuerto bajo vigilancia de la Guardia Civil y Policía. Según versión del diario El País, Ábalos "subió al avión para convencer a Rodríguez de que no abandonase el aparato, tras ser advertido de que esta pretendía bajar a tierra, lo que hubiera provocado un incidente diplomático". El gobierno español había sido notificado desde la tarde del domingo sobre la presencia de Rodríguez a bordo del Dassault Falcon 900LX de la empresa Sky Valet que en ese momento aún sobrevolaba el Atlántico. Aparte de la crisis política desatada dentro de España por la presencia secreta de Rodríguez en el aeropuerto de Madrid, el hecho de viajar en una aeronave privada camino a Turquía y la imposibilidad de ingresar legalmente a España bajo riesgo de detención, dejaron en evidencia el impacto real que las sanciones internacionales tienen sobre la actividad de la jerarquía chavista.

*****

Los sucesos en el aeropuerto de Barajas reforzaron las críticas de la oposición española contra el gobierno de Pedro Sánchez por su actitud ante la presencia de Juan Guaidó en Madrid prevista para el 25ENE20.

El 24ENE19 luego de una reunión con el ecuatoriano Lenín Moreno y el colombiano Iván Duque, el presidente del gobierno español Pedro Sánchez telefoneó a Guaidó desde Davos, Suiza, y le anunció el reconocimiento español como encargado de la Presidencia de Venezuela. Si bien la posición oficial de España no se había modificado un año después, ante las noticias de una inminente gira europea de Guaidó el gobierno español dejó saber que Sánchez no recibiría oficial o privadamente al venezolano. EL socialista delegaba la recepción de Guaidó a la ministra de exteriores Arancha González Laya.

La impresión entre diplomáticos latinoamericanos que hacen vida en Madrid, era que Sánchez procuraba evitarse roces con sus socios comunistas del partido Podemos con quien cogobierna. Podemos, el partido del entonces vicepresidente español Pablo Iglesias, nació financiado por los gobiernos de Irán y Venezuela y mantiene una solidaridad automática con el régimen chavista.

Durante la gira europea de Guaidó, que lo había llevado a Londres, Bruselas, Davos y Paris, el venezolano fue recibido (fuera de agenda oficial) por el primer ministro Boris Johnson y el presidente Emmanuel Macron, así como por el Alto Representante de la Unión Josep Borrell. En Londres y París, Guaidó fue recibido como Presidente Encargado de Venezuela y en Bruselas como Presidente de la Asamblea Nacional ya que algunos gobiernos de la UE no le reconocen la condición de jefe del Ejecutivo.

La presencia del tema Venezuela en la vida política española tiene un peso muy alto, no sólo por el número de venezolanos migrados a España, sino por la correlación entre los partidos españoles con las fuerzas políticas venezolanas. Venezuela se ha convertido en un asunto de la política interna española y la maniobra de Sánchez para evadir la presencia de Guaidó no pasaría desapercibida.

*****

La reunión anual del Foro Económico Mundial se ha convertido en un sitio obligatorio para la élite planetaria ver y dejarse ver. La presencia de Guaidó en Davos fue ocasión para encuentros de pasillo, reuniones y contactos. Sus fotografías junto a la alemana Angela Merkel o con Ivanka Trump fueron ampliamente difundidas por los medios. Una reunión más discreta fue poco comentada: Guaidó sostuvo una conversación con Wilbur L. Ross el Secretario de Comercio de EEUU. Ross es el responsable dentro del gobierno estadounidense del diseño del plan "de reconstrucción" de la Venezuela "post-chavismo". Los esbozos de ese plan fueron expuestos por Ross en agosto del 2018 al gobierno de Brasil y en Lima durante la conferencia internacional sobre Venezuela celebrada el 06AGO19.

*****

El 01MAR20 se produciría el cambio de gobierno en Uruguay. El lapso de quince años de gobiernos de la alianza izquierdista Frente Amplio concluía con la llegada al poder de Luis Lacalle Pou del histórico Partido Nacional. En temas de política exterior se esperaban cambios de orientación con respecto al esquema seguido por el saliente Tabaré Vázquez. El nuevo gobierno de Uruguay se disponía a votar favorablemente por la reelección del uruguayo Luis Almagro como Secretario General de la OEA en contraste con la posición sostenida por Vázquez de rechazo a la gestión de su paisano. Si bien existía la presunción de un cambio radical en la posición de Uruguay ante la situación venezolana, Lacalle quien calificaba a Nicolás Maduro como "dictador" anunció que no reconocería a Juan Guaidó como Presidente de Venezuela. "Nosotros reconocemos a Juan Guaidó como el Presidente de la Asamblea Nacional que es el organismo legítimo. Reconocerlo como Presidente cuando está ejerciendo de facto como está ejerciendo Maduro, es un paso más que por ahora no podemos dar" afirmó Lacalle el 22ENE20 durante el programa radial "Primera Mañana" de la estación El Espectador 810 AM de Montevideo. En la misma entrevista Lacalle se quejó porque durante una conversación telefónica sostenida el 06ENE20 con el Secretario de Estado de EEUU, Mike Pompeo, el estadounidense le habría dicho que "no estaba en condiciones de responderle" cuando el uruguayo sugirió el inicio de negociaciones para un acuerdo de libre comercio entre ambos países.

20. GUAIDÓ EN LA CASA BLANCA

La pugna por la Secretaría General de la OEA arreciaba a medidas que se aproximaba el 20MAR20, fecha prevista para que los ministros de exteriores del Continente se reunieran en Washington.

Faltando poco más de un mes para esa cita, no existía un ganador evidente de la pugna porque se estaba desenvolviendo una intensa guerra diplomática en procura de votos para las candidaturas que rivalizan contra Luis Almagro. Los gobiernos de Argentina y México se habían declarado en campaña para impedir la reelección de Almagro y andaban tratando de sumar votos entre los países del Caribe. Almagro es, para bien y para mal, calificado en medios diplomáticos como un "secretario de un solo tema" en referencia a su especial interés en el proceso venezolano y su sostenido respaldo a los sectores democráticos venezolanos. Esto hacía que en la disputa por el alto cargo de la OEA fuera inevitable que el "tema Venezuela" estuviera presente.

*****

La candidatura del uruguayo Luis Almagro, quien procuraba su reelección, parecía contar con diecinueve votos, suficientes para mantenerse en el cargo. Sus contrincantes eran la ecuatoriana María Fernanda Espinoza y el peruano Hugo de Zela.

*****

Espinoza, quien no contaba con el apoyo del gobierno de su país, fue nominada por Antigua y Barbuda y San Vicente y las Granadinas, dos socios caribeños del régimen chavista. Espinoza realizó una actividad proselitista que la llevó a decenas de países en varios continentes. Su postulación es vista como un intento del eje castrochavista para sumar votos de sus socios en el Continente y de gobiernos que no se han sentido cómodos con la forma de Almagro conducir la Secretaría. Si bien Espinoza ocupó los ministerios de Defensa y Relaciones Exteriores durante los mandatos de Rafael Correa en Ecuador, el exmandatario rechazó la postulación de su otrora colaboradora por ella haber participado en el gobierno de Lenin Moreno. El veto de Correa habría conllevado a que la candidatura de Espinoza perdiera impulso entre la izquierda continental.

*****

La postulación del peruano Hugo de Zela que fue presentada por el gobierno de su país, es una jugada de diplomacia que procura ganar apoyos como una opción equidistante entre la candidatura de Almagro y la de Espinoza.

De Zela, quien es un diplomático de carrera, es uno de los operadores peruanos que en condición de viceministro de relaciones exteriores impulsó el Grupo de Lima que ha confrontado al régimen chavista. A De Zela no se le puede señalar de ser aliado del chavismo aunque algunos en los mentideros de Washington aludían a su gestión en la OEA, en condición de Jefe del Gabinete del chileno José Miguel Insulza, como señal de ambivalencia política. De Zela realizó dos viajes a Buenos Aires a principios del año 2020, procurando ganar el respaldo pleno argentino que inicialmente parecía inclinarse a favor de Espinoza. El 06ENE20 el candidato peruano fue recibido por el ministro de exteriores de Argentina Felipe Solá quien preparaba equipaje para partir a México. El 27ENE20 De Zela fue recibido por Alberto Fernández en la Casa Rosada. La evaluación del gobierno argentino, que desea defenestrar a Almagro, es que la candidatura de De Zela potencialmente podía atraer mayores respaldos que la opción de Espinoza.

*****

El 17ENE20 el Consejo Permanente de la OEA realizó una sesión extraordinaria con el propósito de escuchar a Mike Pompeo. El Secretario de Estado de EEUU comenzaba en breve su primer periplo del año que, además de una visita a Berlín, lo conduciría a Bogotá, San José de Costa Rica y Kingston. En la alocución ante la OEA no hubo anuncios y quedó claro que el jefe de la diplomacia del gobierno Trump había ido para manifestar la importancia que EEUU le asignaba a la elección de Luis Almagro.

La visita de Pompeo a Jamaica el 21ENE20, aparte de la agenda bilateral, incluyó una reunión con varios gobiernos de la subregión. La convocatoria generó reacciones entre varios gobiernos caribeños, miembros del Caricom, que dijeron sentirse relegados por no haber sido invitados. El Departamento de Estado había advertido que no se trataba de una reunión EEUU-Caricom ya que entre los asistentes estaría el canciller de República Dominicana país que no forma parte del grupo caribeño. Los invitados que confirmaron su asistencia fueron Bahamas, Belice, República Dominicana, Haití, la anfitriona Jamaica, Saint Kitts y Nevis y Santa Lucía. La percepción en el mundo diplomático continental fue que la convocatoria de Pompeo a un grupo de países caribeños tenía como propósito solidificar el respaldo a Luis Almagro. Bahamas, Haití, Jamaica y Santa Lucia fueron los miembros del Caricom que el 09ABR19 votaron favorablemente el reconocimiento al gobierno de Juan Guaidó mediante la incorporación de su enviado Gustavo Tarre como representante por Venezuela. En las quinielas para el 20MAR20 en la OEA generalmente se daba como un hecho el apoyo de estos gobiernos a Almagro.

*****

El gobierno Trump decidió otorgar a Guaidó las condiciones de mandatario extranjero en visita oficial a EEUU lo que significó la asignación de protección por el Servicio Secreto, la coordinación de sus apariciones en EEUU, su hospedaje en la Casa Blair usualmente cedida a mandatarios visitantes en Washington, reuniones con el vicepresidente Mike Pence y con el presidente Trump y el ceremonial de recibimiento en la Casa Blanca. La usual rueda de fotos y preguntas que Trump gusta realizar en la propia Sala Oval fue suspendida por la Casa Blanca para impedir que la visita de Guaidó se mezclara con los eventos de ese mismo día en el Congreso de EEUU.

Entre el 27FEB20 cuando fue recibido en Ottawa por el primer ministro Justin Trudeau, Guaidó permaneció fuera de foco hasta la noche del 31ENE20 cuando apareció en Doral, al sur de la Florida, donde al día siguiente se realizaría un acto con la comunidad venezolana y con parlamentarios estadounidenses demócratas y republicanos. La agenda de Guaidó en EEUU estuvo condicionada por un resfrío del venezolano, por la obsesiva atención que Trump estaba asignado al debate en el Congreso que amenazaba con un impeachment y, el deseo de la Casa Blanca y el Departamento de Estado de no empañar la visita a Washington con el proceso contra Trump. La aparición de Guaidó como invitado especial de Trump, en el discurso del Estado de la Nación del 04FEB20, fue manejada como un secreto de Estado y sólo fue revelada a la prensa una hora antes del evento.

*****

El epicentro de la gira que Juan Guaidó inició en 19ENE20 en

Bogotá han sido las numerosas reuniones de coordinación que personalmente realizó con los altos mandos de la diplomacia de EEUU.

Guaidó sostuvo, por lo menos, dos reuniones con el secretario de Estado Mike Pompeo. El 20ENE20 Guaidó mantuvo una reunión con Pompeo en la Escuela de Cadetes de Policía General Santander en Bogotá, al margen de la III Conferencia Ministerial Hemisférica de Lucha contra el Terrorismo. Pompeo estaba acompañado del subsecretario (encargado) del Hemisferio Occidental Michael Kozak y por el Alto Representante para Venezuela del Departamento de Estado Elliot Abrams. Kozak y Abrams habrían mantenido un segundo encuentro con Guaidó antes de que el venezolano viajara a Londres. El 23ENE20, Guaidó se reunión en Davos, Suiza, con Wilbur L. Ross, el Secretario de Comercio de EEUU quien coordinó en 2019 el plan estadounidense para la "reconstrucción" de la Venezuela "post-chavismo".

Durante la estadía en la Casa Blanca el 05FEB20, Guaidó sostuvo una reunión de trabajo con Trump en la cual participaron, entre otros, el Secretario de Defensa Mark Esper, el asesor de Seguridad Nacional Robert O´Brien y el encargado del Hemisferio Occidental en el Consejo de Seguridad Mauricio Claver-Corone. En la Casa Blanca, Guaidó nuevamente se encontró con Abrams. El 06FEB20 Guaidó fue al Departamento de Estado donde mantuvo una reunión de trabajo con Pompeo y sus respectivos equipos. El 06FEB20 Guaidó y sus acompañantes, Julio Borges y Carlos Vecchio, se encontró con Mark Green, el jefe administrador de USAID, la agencia que maneja los fondos que EEUU direcciona en apoyo a Venezuela. Al contrario de todas las anteriores ocasiones, en esta reunión de coordinación con USAID no estuvo presente Liliana Tintori, la esposa del dirigente Leopoldo López, residente en España y quien suele representar a Guaidó en estos encuentros. Por cierto, en una rueda de prensa el 06FEB20, Abrams ratificó que los fondos de USAID no son entregados a Guaidó. Mencionó que con esos fondos se ha financiado, por ejemplo, el alquiler de oficinas para embajadores de Guaidó en países extranjeros. Abrams afirmó que "pagar un viaje es un gasto legítimo" aunque dijo desconocer si USAID había destinado recursos para la gira que adelantaba Guaidó.

*****

El 07FEB20, el Departamento de Tesoro incluyó a la empresa aérea estatal venezolana Conviasa y cuarenta aeronaves en el listado de sanciones contra el régimen chavista. En lo sucesivo los ciudadanos de EEUU y las empresas que actúan en ese país "no pueden realizar transacciones con esta aerolínea o estas aeronaves, incluyendo el pago de flete, la contratación, el reabastecimiento de combustible o la compra de ellas". La Nota de Prensa del Departamento de Estado explicaba que "esta aerolínea se está utilizando para transportar a Maduro y su círculo íntimo para conversar con dictadores, regímenes autoritarios y otros delincuentes en todo el mundo".

En Venezuela, donde Nicolás Maduro recibía la visita del ministro de Exteriores de Rusia, Serguéi Lavrov, el régimen calificó las sanciones contra Conviasa como la primera consecuencia de la visita de Guaidó a Washington.

Lavrov tras visitar Cuba y México llegó a Caracas para ratificar el respaldo de Vladimir Putin a Maduro.

.

*****

En una rueda de prensa el 06FEB20, Elliot Abrams afirmó que el tema Venezuela había sido tratado con el nuevo gobierno español. "Hemos recibido una serie de garantías de que el compromiso de España con la restauración de la democracia en Venezuela se mantiene firme", aseguró. El 07FEB20, por iniciativa del Departamento de Estado se produjo una conversación telefónica entre el Secretario Mike Pompeo y la recién designada ministra de Exteriores de España Arancha González Laya. Según la versión estadounidense, además de las felicitaciones de estilo a la nueva funcionaria, en la conversación "discutieron los esfuerzos multilaterales en curso para abordar los desafíos mundiales y las formas de promover los problemas bilaterales.

El 07FEB20 Pompeo recibió en el Departamento de Estado al exministro de exteriores de España y Alto Representante de la Unión Europea Josep Borrell. En la conversación fue tratado "el apoyo a la democracia en Venezuela". Según diversas fuentes, EEUU realizaba a principios del año 2020 una nueva ola de contactos con gobiernos de Europa para convencerlos de incrementar la cantidad y contundencia de las sanciones europeas contra el régimen venezolano.

21. ELECCIONES PARLAMENTARIAS Y PRESIDENCIALES

Como precio para mantener abierta su sede diplomática en Caracas, el gobierno de Jair Bolsonaro permitía que la sede de la Embajada de Venezuela en Brasilia y los seis consulados venezolanos en Brasil permanecieran bajo control de enviados designados por Nicolás Maduro, muchos de ellos con sus credenciales diplomáticas brasileñas ya vencidas. En contrapartida, la cancillería de Itamaraty reconocía a María Teresa Belandria designada por Juan Guaidó como embajadora ante el gobierno de Brasil.

El 17FEB20 las misiones diplomáticas que hacen vida en Brasilia recibieron una nota verbal procedente de la Embajada de Venezuela controlada por Maduro, informando que la hasta entonces consejera Irene Rondón Graterol había sido designada Ministro Consejera y asumía como jefe de la misión diplomática con carácter de Encargada de Negocios a.i. Según fuentes de la cancillería brasileña la credencial diplomática de Rondón estaba sin efecto desde el 17DIC19 por lo cual Itamaraty ya no le reconocía condición diplomática. La coexistencia de dos misiones diplomáticas de Venezuela en Brasil provocaba situaciones diplomáticas poco usuales en Brasilia.

*****

"Si bien la Constitución venezolana prevé la celebración de elecciones parlamentarias en 2020, la democracia se restablecerá plenamente en Venezuela sólo mediante elecciones presidenciales libres, justas y creíbles", fue la posición expresada el 20FEB20 por el Grupo de Lima en el comunicado emitido tras la reunión número diecisiete a nivel de ministros.

El encuentro promovido por Canadá y celebrado en Gatineau, Quebec, fue probablemente la reunión del Grupo que ha contado con mayor número de gobiernos asistentes. Participaron los ministros de Exteriores de Bolivia, Brasil, Canadá, Chile, Colombia, Costa Rica, Guatemala, Haití, Panamá, Perú, el comisionado presidencial Julio Borges por Venezuela, los vicecancilleres de Argentina, Honduras y Paraguay así como los representantes de Guyana y Santa Lucia en la OEA. Además asistieron en condición de observadores el canciller de Ecuador y el embajador de República Dominicana en Canadá.

*****

El Grupo de Lima compartía la posición de la oposición venezolana de celebrar elecciones presidenciales y no aceptar sólo comicios parlamentarios como los que propone el régimen chavista con apoyo de Rusia. La convocatoria a elecciones presidenciales, con previa designación de nuevas autoridades electorales y en presencia de "un gobierno de transición negociado y ampliamente aceptable" forma parte de la "hoja de ruta" para Venezuela que el Departamento de Estado de EEUU compartiera con sus aliados americanos a finales del año 2019 y que fue hecha pública el 09ENE20.

Una versión análoga de ese documento fue publicada como propia por el gobierno de Colombia el 16ENE20. Ese esquema para una transición se correspondía con el propuesto por los voceros de Guaidó en las negociaciones con Maduro promovidas por Noruega el año anterior.

El comunicado del Grupo de Lima del 20FEB20 dejó en evidencia el estado de incertidumbre que predominaba en gobiernos sobre una ruta de acción ante Venezuela. El Grupo de Lima en su encuentro de Canadá no aprobó nuevas medidas de presión sobre el régimen chavista y se limitó prácticamente a reiterar un llamado genérico "a la comunidad internacional para que se una a nosotros en el apoyo a un futuro democrático para Venezuela". El Grupo anunció que "en los próximos días y semanas" sus representantes "participarán en un período intensivo de gestiones internacionales y consulta con todos los países interesados en la restauración de la democracia en Venezuela". Entre los países que serían consultados estaría Cuba.

El canciller brasileño Ernesto Araujo, quien asistió a la reunión en Canadá, escribió en su cuenta Twitter: "estamos discutiendo propuestas para una ruta de transición democrática que precisa comenzar por la salida de Maduro".

*****

El gobierno izquierdista argentino optó por permanecer en el Grupo de Lima y envió a su vicecanciller Pablo Anselmo Tettamanti para la reunión en Canadá del 20FEB20.

La línea de acción diplomática del gobierno de Alberto Fernández es de no confrontación con EEUU, tender puentes al gobierno ideológicamente lejano de Jair Bolsonaro pero además intervenir activamente en el "tema Venezuela". Finalizando una gira europea que le permitió encuentros con la canciller alemana Angela Merkel, el presidente francés Emmanuel Macron, el jefe del gobierno español Pedro Sánchez, con el papa Francisco y con el primer ministro italiano Giuseppe Conte, Alberto Fernández se refirió en París a la acción internacional ante el gobierno de Nicolás Maduro.

Según Fernández, citado por el periodista Guido Carelli Lynch del diario Clarín, "Europa está viendo la Argentina como un país que puede tener la capacidad de amalgamar situaciones de conflicto con normalidad" (…) "uno de esos temas que preocupa a todos es el tema Venezuela, y lo que hoy planteo es que tenemos que buscar otros caminos para resolver el problema de Venezuela" (…) "a todos los líderes de Europa les he planteado que Europa tiene que concentrar sus esfuerzos en Contadora para que Contadora reviva y trate de buscar una solución distinta"(…) "hay que generar una mesa donde los venezolanos se sienten y recuperen en diálogo. Y Contadora es un buen lugar para eso. Venezuela está como estancada y nosotros tenemos que salir de ese estancamiento".

El Grupo de Contadora no existe: fue creado en 1983 por los gobiernos de Colombia, México, Panamá y Venezuela como una iniciativa internacional en procura de acuerdos de paz ante la guerra que cundía en Centroamérica. El Grupo Contadora desapareció en 1990 y las palabras del mandatario argentino el 06FEB20 señalaban, en todo caso, una nueva intención de promover una nueva instancia internacional para que actúe sobre Venezuela. Fernández la ha denominado "Contadora" mientras que otros gobiernos prefieren aún no asignar nombres a esa probable iniciativa. La idea de crear un "Grupo de Contadora" para Venezuela fue inicialmente manejada por el gobierno mexicano de Manuel López Obrador el cual se materializó en el infructuoso "Mecanismo de Montevideo" diseñado con Uruguay en 2019 contando con el visto bueno de Nicolás Maduro y con la desaprobación de Juan Guaidó.

Mientras en Gatineau se realizaba la reunión del Grupo de Lima del 20FEB20, en Buenos Aires el canciller argentino explicaba al periodista Ernesto Tenembaum de "Radio con vos" la posición de su gobierno ante Venezuela. Felipe Solá dijo que su enviado a Canadá estaba proponiendo cambiar la línea ante Venezuela. "Cambiarla porque no ha funcionado. Un gobierno que está cerrado dispuesto a pagar cualquier costo y yo diría a lo mejor dispuesto a pelear a lo bélico no puede ser corrido hacia el mismo lado con sanciones, sanciones y sanciones permanentes que además agudizan la situación del pueblo venezolano".

*****

Tres días antes de la reunión del Grupo de Lima, los ministros de relaciones exteriores de la Unión Europea realizaron en Bruselas una sesión ordinaria del Consejo de Exteriores. El "tema Venezuela" fue incluido en la agenda como "asunto de actualidad" junto a la situación del "Oriente próximo, el Sahel y los Balcanes Occidentales". No estaba prevista una decisión de los ministros europeos sobre Venezuela pese a las presiones de EEUU para incrementar las sanciones de la Unión Europea sobre el régimen chavista.

El 23MAR20 cuando el Consejo de Exteriores de la UE se reuniría nuevamente en Bruselas para una sesión formal (habría previas reuniones informales Gymnich el 05-06MAR20) supuestamente trataría un nuevo esquema de actuación colectiva europea hacia Venezuela. Al uruguayo-español Enrique Iglesias, asesor de la UE para Venezuela, le fue encomendada la misión de realizar un periplo por diversos países de Europa y América, incluyendo reuniones con Juan Guaidó y Nicolás Maduro en Caracas, para precisar el estado de las posiciones ante la crisis venezolana. Según declaró la ministra de Exteriores de España, Arancha González Laya, Iglesias debería presentar en marzo un informe el cual serviría para "diseñar nuestros próximos pasos".

*****

Ante la prensa el 17FEB20 en Bruselas, González Laya expuso la propuesta española que era compartida por varios gobiernos de Europa y que sonaba análoga a la expuesta por el gobierno argentino: tender a una confluencia de los distintos grupos internacionales que están actuando sobre Venezuela. La ministra española la denominó "gran coalición" de actores internacionales refiriéndose al Grupo de Lima y al Grupo de Contacto promovido por la UE. Este último está integrado por los gobiernos de Alemania, Bolivia, Costa Rica, Ecuador, España, Francia, Italia, Países Bajos, Panamá, Portugal, Suecia, Reino Unido y Uruguay. El Grupo de Contacto, salvo Uruguay, había manifestado el 09ENE20 su respaldo a Juan Guaidó como Presidente de la Asamblea Nacional de Venezuela en rechazo a la maniobra del régimen chavista de imponer una Asamblea Nacional paralela.

Por cierto, el 18FEB20 en Mount Vernon, estado de Virginia EEUU, se encontraron el subsecretario para Asuntos Políticos de EEUU David Hale y el viceministro de Asuntos Políticos de Canadá Dan Costello en lo que denominan el "Grupo de Alto Nivel EEUU-Canadá". El propósito de este mecanismo es la coordinación de acciones entre los dos países en relación a "temas globales". La agenda incluyó los temas China, Irán, Medio Oriente, Corea y Venezuela. No hubo información pública sobre las conclusiones de la reunión.

22. RUSIA APADRINA FALSA OPOSICION

Aparte de la relación umbilical del régimen chavista con la dictadura cubana, Rusia se había convertido en el principal aliado internacional del gobierno de Nicolás Maduro. Rusia provee, a alto costo para Venezuela, cobertura ante las sanciones impuestas por EEUU a la industria petrolera controlada por Maduro. Desde servicios financieros, logística para el mercadeo petrolero hasta protección diplomática en la ONU, el gobierno de Vladimir Putin optó por apostar fuerte en Venezuela. Bajo ese esquema, Rusia servía como padrino internacional para la maniobra que el régimen chavista ejecuta buscando neutralizar la presión internacional que respaldaba a Juan Guaidó y exigía elecciones presidenciales.

*****

Las periódicas ruedas de prensa de María Zajárova, la portavoz del ministerio de exteriores de Rusia, solían contener secciones para desacreditar a Guaidó, comentar eventos menores de la vida política venezolana, respaldar a Maduro y acusar a EEUU de inminentes acciones militares sobre territorio venezolano.

El 06ENE20 el gobierno de Rusia emitió un comunicado reconociendo al diputado Luis Parra como Presidente de la Asamblea Nacional de Venezuela electo, según Moscú, en "un legítimo procedimiento democrático que contribuye a reinsertar las luchas políticas en Venezuela en el marco constitucional". Quedó en clara evidencia que Moscú apadrinaba la maniobra mediante la cual Maduro designaba una directiva de la asamblea nacional paralela a la legítima encabezada por Juan Guaidó. Desde entonces el Palacio Legislativo quedó vedado a la Asamblea Nacional presidida por Guaidó. Parra, según Maduro y los gobiernos de Cuba y Rusia, era el presidente del poder legislativo.

El 30ENE20, la portavoz rusa anunció que el canciller Serguéi Lavrov realizaría visitas a Cuba, México y Venezuela entre el 05 y el 07FEB20. La presencia del jefe de la diplomacia rusa en Venezuela apagaría cualquier duda sobre la decisión de Putin para intervenir abiertamente en la política venezolana. Lavrov viajaría a Caracas para "intercambiar opiniones sobre la situación actual en Venezuela y las perspectivas de encontrar soluciones políticas de las discrepancias internas a través de un diálogo nacional". Pero ese "diálogo" promovido por Moscú no implicaba a la Oposición venezolana. En la agenda con Maduro estaría incluido el asunto de las sanciones impuestas por EEUU a Rusia y Venezuela. Igualmente adelantarían conversaciones sobre "cooperación en energía, minería, transporte, sector agrícola, medicina, farmacéutica y cooperación militar". Posteriormente Rusia dejó saber que durante el mes de mayo se cumplirían negociaciones específicas sobre "cooperación militar" lo que podía significar nuevas adquisiciones bélicas rusas por parte del gobierno Maduro.

*****

En su presentación del 30ENE20, la vocero rusa se refirió a "políticos venezolanos responsables que trabajan a diario en la búsqueda de fórmulas de compromisos en el marco de la mesa redonda del diálogo nacional". Igualmente mencionó que "fuerzas radicales" encabezadas por Guaidó "siguen empeñadas en sus ideas y anuncian el boicot de las elecciones parlamentarias que deben celebrarse este año, negándose a participar en las negociaciones encaminadas a elaborar un acuerdo con unas amplias garantías electorales".

El 07FEB20 Lavrov llegó a Caracas coincidiendo con el español José Luis Rodríguez Zapatero quien atendía tareas de operador del gobierno Maduro en rol de "facilitador" de negociaciones. En la sede de la cancillería venezolana, Lavrov sostuvo una reunión sin precedentes con voceros de grupos autocalificados como opositores que mantienen buenas relaciones con el régimen encabezados por Timoteo Zambrano, Javier Bertucci y Henri Falcón. Estos representan siglas partidistas de casi nulo poder político y mantienen negociaciones con el gobierno de Maduro para celebrar elecciones parlamentarias prescindiendo de la presidenciales exigidas por la Oposición. Falcón incluso solicitó que Rusia interviniera como observadora de las elecciones en Venezuela. Tras la reunión con Lavrov, los "opositores" se reunieron bajo la conducción de Zapatero en una sesión con los altos jerarcas del régimen los hermanos Jorge y Delcy Rodríguez. El canciller ruso y el expresidente español avalaban de esta forma el guion chavista según el cual Guaidó no controlaba la Asamblea Nacional y la "oposición" venezolana participaría en una mesa de negociación para acordar los términos de unas elecciones parlamentarias.

*****

El 14FEB20 el Secretario de Estado de EEUU Mike Pompeo y su homólogo ruso coincidieron en la Conferencia de Seguridad de Múnich. En ese contexto se habría producido una discreta reunión entre ambos jefes diplomáticos según una foto divulgada en Facebook por María Zajárova.

El 18FEB20 el representante Especial para Venezuela de EEUU, Elliott Abrams, dejó saber que Pompeo había advertido a Lavrov en Múnich sobre inminentes sanciones que Washington impondría a Rusia en respuesta a su apoyo al régimen chavista. El Departamento del Tesoro impuso el 18FEB20 sanciones a la empresa Rosneft Trading SA y su presidente, Didier Casimiro por "proporcionar un salvavidas al ilegítimo régimen de Maduro". Rosneft Trading SA es una de las múltiples subsidiarias de la petrolera rusa Rosneft de la cual el 50% es propiedad del gobierno ruso. Los bienes de la empresa sancionada y de su Presidente en EEUU fueron congelados en manos del gobierno estadounidense y quedó prohibido a nacionales de EEUU y empresas con presencia en EEUU realizar negocios con la empresa rusa sancionada. El gobierno de Donald Trump de esta manera subió las apuestas al incluir el "tema Venezuela" en su política de sanciones a Rusia.

23. TRUMP, BOLSONARO Y ELECCIONES EN EEUU

Comenzando el mes de marzo, parecía un hecho que Cuba, Venezuela y el rechazo al comunismo serían temas que Donald Trump estaría remarcando en sus intervenciones de la campaña electoral presidencial de EEUU para confrontar la candidatura demócrata.

El 06MAR20 en una rueda de prensa colectiva en la Casa Blanca, Trump fue interrogado por el corresponsal del diario británico The Guardian acerca de los resultados en las elecciones primarias del Partido Demócrata que reflejaban el ascenso del ex vicepresidente Joe Biden. Trump respondió "¿Joe Biden?. Él es de izquierda. En muchos sentidos, es peor que Bernie". Tras el "super martes" del 03MAR20 cuando catorce estados realizaron sus votaciones primarias, las opciones reales para escoger al rival de Trump en las elecciones del 03NOV20 quedaron reducidas dentro del Partido Demócrata a dos: el abiertamente izquierdista Bernie Sanders y Biden quien asume el rol del demócrata moderado que puede enfrentar a Trump y neutralizar al ala radical de su partido. Sea cual sea el candidato demócrata, Trump se propone señalarlo de izquierdista radical y utilizar la crisis venezolana como ejemplo de lo que podría ocurrir en EEUU.

El comentario de Trump se produjo a su salida para tomar vuelo hacia Florida, con escalas en Tennessee, donde se reuniría el 07MAR20 con el presidente brasileño Jair Bolsonaro.

*****

El restablecimiento de la democracia en Venezuela figuraba como uno de los temas acordados entre los dos gobiernos para la reunión y cena que ofrecía Donald Trump a Jair Bolsonaro planificada para la noche del 07MAR20 en la residencia Mar-a-Lago en Palm Beach, Florida. El esquema acordado para el encuentro y el sitio donde tendría lugar eran señales de la proximidad con que la Casa Blanca estaba relacionándose con el gobierno brasileño. La sesión con Bolsonaro se producía pocos días después de la cita de Trump con el colombiano Iván Duque en Washington con quien, aparte del tema de la erradicación de narcocultivos en Colombia, fue abordado igualmente el "tema Venezuela".

La inusual visita de cuatro días de un mandatario brasileño al estado de Florida, tendría en el tema de las relaciones militares EEUU-Brasil uno de los platos fuertes. El domingo 08MAR20 Bolsonaro visitaría la sede del Comando Sur donde los esperaba el almirante Craig Faller y representantes del Departamento de Defensa. En ese contexto sería suscrito el acuerdo bilateral RDT&E (investigación, desarrollo, tests y evaluación) con el cual la industria bélica brasileña aspira ampliar su presencia en EEUU y a nivel global. El entroncamiento de la política exterior brasileña con Washington igualmente hizo que la situación en el Medio Oriente y la seguridad regional americana fuera objeto de las conversaciones entre Trump y Bolsonaro.

24. CONSPIRACIÓN CONTRA ALMAGRO

Una operación de propaganda fue desatada por el eje castrochavista con el triple objetivo de golpear al gobierno de transición en Bolivia, mejorar la imagen internacional de Evo Morales y afectar la candidatura de Luis Almagro para un nuevo período en la Secretaria General de la OEA.

El 26FEB20 aparece publicado en el portal "Monkey Cage" del diario The Washington Post un trabajo suscrito por John Curiel y Jack R. Williams sobre los resultados de las elecciones presidenciales en Bolivia del 20OCT19. Curiel y Williams se presentaron como investigadores del "Election Data and Science Lab" del Instituto Tecnológico de Massachusetts MIT. Los autores quienes comienzan su texto afirmando que en Bolivia se produjo un "golpe de Estado" contra Evo Morales, obviaron dejar constancia de que su artículo había sido elaborado por contrato con el Centro de Investigación Económica y Política (CEPR), uno de las decenas de centros de estudios que pululan en Washington en procura de financiamiento. El 27FEB20 el Informe Otálvora solicitó vía email a John Curiel información sobre el financiamiento de su estudio sin recibir su respuesta.

El CEPR se especializa en dar apariencia académica a acciones políticas de izquierda. Pese a actuar en abierta coordinación como gobiernos extranjeros como el de Venezuela o México, el CEPR nunca se ha registrado ante el Departamento de Justicia en calidad de agente de gobierno extranjero.

*****

El texto publicado por Curiel y Williams en el portal de The Washington Post es un resumen de un informe de los mismos autores, presentados como expertos estadísticos en temas electorales, que fue publicado el 27FEB20 en el portal del CEPR. La operación propagandística había cumplido su primera meta: publicar un texto supuestamente amparado por el prestigio de The Washington Post y del MIT. El informe de Curiel y Williams se limita a una serie de simulaciones estadísticas contrastando los resultados del recuento preliminar de las votaciones (suspendido antes de finalizar) contra los resultados finales que daban una ventaja de más de 10% que le permitían a Morales proclamarse reelecto en primera vuelta. Esos resultados fueron calificados como sospechosos por técnicos de la OEA presentes en Bolivia, lo que se sumó a protestas populares para dar pie a la crisis política en la cual Evo Morales aceptó la celebración de una segunda vuelta electoral y posteriormente renunciara al cargo y abandonara el país. El informe de Curiel y William no se basó en información de campo (irregularidades informáticas, en actas y escrutinios, etc.) que considerara los hechos ocurridos en Bolivia sino en juegos de simulación estadística de laboratorio.

*****

Mark Weisbrot, fundador, imagen pública y jefe del CEPR, ha mantenido relaciones directas con los gobiernos castrochavistas por más de una década. El 05MAR11 fue recibido en el Palacio de Miraflores cuando viajó a Caracas escoltando al actor Sean Penn quien era habitual huésped de Hugo Chávez. El 24AGO12 fue invitado de Rafael Correa en Quito, donde ofreció una "charla magistral" en defensa de Julian Assange quien permanecía protegido por el gobierno ecuatoriano en su Embajada en Londres.

El 06MAR14, Weisbrot visitó nuevamente Miraflores en compañía del actor Danny Glover quien figura como miembro del directorio del CEPR. Ambos acompañaron a Nicolás Maduro en un acto proselitista en el centro de Caracas que fue transmitido por la televisión oficial. Los organizadores del evento colocaron a Weisbrot al también operador internacional del chavismo el español Ignacio Ramonet , justo detrás de Maduro.

En 2019, Weisbrot publicó junto al economista Jeffrey Sachs un trabajo con apariencia científica, en el cual decía demostrar que las sanciones impuestas por EEUU al régimen chavista eran las responsables de la caída de la producción petrolera venezolana "y causaron daños muy graves a la vida humana y a la salud, incluyendo un estimado de más de 40.000 muertes entre 2017-2018". El informe Sachs-Weisbrot, ampliamente publicitado por el gobierno de Nicolás Maduro, se basaba en una engañosa comparación entre la industria petrolera de Venezuela y Colombia, sin tomar en cuenta el proceso de deterioro de la petrolera estatal venezolana Pdvsa durante el régimen chavista. Al igual que en el caso de las elecciones bolivianas, el estudio de Weisbrot sobre las sanciones a Pdvsa se limitaba a un dudoso y unicausal ejercicio estadístico.

*****

Personal del CEPR ha estado trabajando para el régimen chavista por casi dos décadas. Por lo menos tres miembros del equipo de "investigadores" del CEPR formaron parte de la oficina de propaganda creada en Washington por el gobierno de Hugo Chávez en 2003 denominada "Venezuela Information Office" VIO. Esa oficina era dirigida por Olivia Goumbri y coordinada por Deborah James quien actualmente forma parte del equipo de CEPR. Goumbri ha actuado por más de una década como agente al servicio del gobierno chavista y, dada su condición de estadounidense, regularmente se ha registrado ante el Departamento de Justicia de EEUU por prestar servicios políticos a la Embajada de Venezuela en Washington. En los reportes de actividades que Goumbri ha presentado al Departamento de Justicia suele aparecer Mark Weisbrot como usual participante en actividades propagandísticas del régimen chavista en la capital de EEUU.

En el listado de miembros del CEPR también figura el ecuatoriano Guillaume Long quien ocupara una larga lista de cargos durante los gobiernos de Rafael Correa, incluyendo el de Ministro de Relaciones Exteriores. Long actúa como el puente entre el CEPR y el entramado castrochavista en el Continente.

*****

Pocas horas después que fueran publicadas las dos versiones del trabajo de John Curiel y Jack R. Williams, el gobierno Andrés López Obrador dio el segundo paso de la operación contra Luis Almagro y a favor de Evo Morales. El 28FEB20 la representante permanente de México en la OEA, Luz Baños Rivas, entregó a la Secretaría General del organismo una comunicación exigiendo que Almagro explicara "por escrito" las diferencias entre el Informe de los observadores de la OEA y la "nota del Washington Post" y que "investigadores especializados independientes" realizaran un "análisis comparativo" entre "la investigación del MIT" y el de la misión de la OEA. De esta manera el gobierno de México falsamente le asignaba el informe al MIT y al Washington Post y careaba a Almagro.

El 29FEB20, el presidente argentino Alberto Fernández mediante un tuiteo se sumó públicamente a la operación: "Según un informe publicado por el@@washingtonpost y realizado por el Instituto Tecnológico de Massachusetts (MIT) Evo Morales ganó los comicios electorales del año pasado por más de 10 puntos de diferencia, sin que mediara fraude alguno". La alianza de López Obrador y Alberto Fernández contra Almagro estaba en pleno apogeo. Los gobiernos de México y Argentina, ambos protectores de Evo Morales, estaban actuando en obvia combinación señalando a Almagro como responsable de un supuesto golpe de Estado en Bolivia.

El 29FEB20 el "Grupo de Puebla", la neo organización castrochavista, emitió un comunicado apoyando "la solicitud de la

Misión Permanente de México ante la Organización de Estados Americanos (OEA), en relación a solicitar antecedentes para contrastar su informe técnico con el "Análisis sobre la elección de Bolivia en 2019" de los "investigadores" Williams y Curiel. Entre los firmantes del comunicado del Grupo de Puebla aparecían el excanciller Celso Amorín, el excanciller de Evo Morales David Choquehuanca, el chileno Marco Enriquez-Ominami, el español José Luis Rodríguez Zapatero, el colombiano Ernesto Samper, el paraguayo Fernando Lugo y el presidente argentino en ejercicio Alberto Fernández. El 02MA20, Ernesto Samper tuiteó "La disputa entre la OEA y el MIT sobre el fraude electoral en Bolivia se resuelve fácilmente: mientras que Almagro busca su reelección, los técnicos del MIT buscan la verdad y esa verdad está clara como el agua: No hubo fraude. Evo sigue siendo el Presidente legítimo". Los apoyos inmediatos desde el gobierno de Maduro y del partido Podemos de España dejaban en evidencia la calidad de campaña propagandística.

El aparato propagandístico de la izquierda latinoamericana y española encendió todos sus usuales multiplicadores de contenidos. La operación ganaba espacios repitiendo la falsedad de que el MIT había determinado que en Bolivia no hubo fraude. El abierto enfrentamiento contra Almagro confirmaba los objetivos de la conspiración instrumentalizada desde Washington.

El 04MAR20, el MIT por intermedio del provost Richard Lester informó al gobierno de Bolivia que el trabajo de Williams y Curiel es "un estudio externo" realizado por los autores en calidad de "consultores independientes" del CEPR y no del MIT.

25. LLEGA EL COVID-19

La crisis mundial de COVID-19 no había significado un congelamiento de los procesos políticos nacionales o internacionales, muchos de ellos de carácter conflictivo. La pandemia declarada el 11MAR20 por la Organización Mundial de la Salud, no sólo era el telón de fondo en la continuidad de esos conflictos. En no pocos casos, el impacto del COVID-19 y de las acciones que los actores políticos estaban tomando, formaban parte de los procesos en marcha. Ya a finales del mes de marzo, cuando apenas comenzaba la crisis, ya resultaba imposible desagregar el tema COVID-19 de la dinámica política internacional ya que se había engranado con ella.

*****

El gobierno de Brasil decidió proceder a expulsar al personal diplomático y consular así como agregados militares designados por Nicolás Maduro que aún permanecían en control de la sede de la Embajada de Venezuela en Brasilia y de los seis consulados venezolanos. El 01MAY20 es la fecha límite impuesta por la cancillería brasileña para la salida de los representantes del régimen chavista tras lo cual serían declarados "persona non grata" y serían eventualmente deportados.

El 13MAR20 habría tenido lugar una conversación telefónica entre los ministros de la Defensa de Maduro y Jair Bolsonaro solicitada por el general Vladimir Padrino López a propósito de la pandemia del COVID-19. En el alto gobierno en Brasil se sintió malestar por la decisión del ministro Fernando Azevedo e Silva al aceptar una conversación saltándose la línea presidencial de limitar los contactos con el régimen chavista. La comunicación entre los ministros de Defensa, de la cual rápidamente se ufanara Maduro y Padrino, habría tenido lugar sin notificación a la cancillería de Itamaraty. Según Padrino se habría "abierto un canal" con el gobierno de Bolsonaro lo cual fue desmentido por fuentes de la cancillería brasileña consultados para este Informe.

*****

En un intento desesperado para impedir la reelección de Luis Almagro como Secretario General de la OEA, un grupo de países caribeños estimulados desde La Habana y Caracas, alegaron que la alcalde de la ciudad de Washington, Muriel Bowser, ordenaría el allanamiento de la sede de la organización en caso de producirse la asamblea de elección. Para el 20MAR20 había sido convocado un periodo extraordinario de sesiones de la Asamblea General de la OEA, conformada por los ministros de exteriores de los países miembros. La rápida expansión de la pandemia de COVID-19 hacía ver que serían pocos o ninguno los cancilleres que viajarían a Washington para personalmente emitir el voto en la elección para la Secretaría General y la Secretaría Adjunta de la organización. En los medios diplomáticos se daba como un hecho que los gobiernos instruirían a sus respectivos representantes permanentes, residenciados en Washington, para actuar como jefes de la delegación y votar.

*****

El 16MAR20 el gobierno de Perú anunció que retiraba la postulación del embajador Hugo de Zela al cargo en la OEA. De esa manera ante la opción de reelegir a Luis Almagro sólo se mantenía la ecuatoriana María Fernanda Espinosa quien no contaba con el apoyo del gobierno de su país y corría como la candidata presentada por gobiernos aliados del eje castrochavista. El retiro de De Zela no significó un aumento de los compromisos de votos a favor de Espinoza quien contaba con la mayoría de los votos caribeños, más el voto de sus amigos ideológicos de Argentina, Nicaragua y México y el posible voto de Canadá cuyo gobierno había decidido oponerse a la reelección de Almagro.

Cuarenta y ocho horas de la elección, trece gobiernos entregaron al Presidente del Consejo Permanente una inusualmente larga comunicación en la cual solicitaban aplazar la elección del Secretario alegando las recomendaciones de la ONU, la OMS y hasta de Donald Trump en el sentido de evitar reuniones masivas. Los firmantes incluso alegaron que –según la alcalde de Washington- la sede de la OEA no contaría con inmunidad diplomática y podía ser objeto de medidas punitivas. La comunicación fue suscrita por los representantes permanentes de Antigua y Barbuda, Bahamas, Barbados, Belice, Dominica, Granada, Guyana, Jamaica, San Cristóbal y Nieves, Santa Lucía, San Vicente y las Granadinas, Surinam y Trinidad y Tobago, todos los miembros de Caricom exceptuando a Haití. La representante permanente de México en la OEA, Luz Elena Baños Rivas, entregó el 18MAR20 una comunicación respaldando el pedido de los caribeños. La decisión de aplazar la Asamblea General requería el apoyo de dos tercios del total de treinta y cuatro miembros de la organización y el día 19MAR20 quedó en evidencia que la propuesta de cambio de fecha no contaba con los apoyos requeridos. Quienes se oponían a la inminente reelección de Almagro amenazaron con no asistir a la Asamblea y que "la reunión sea considerada como carente de legitimidad".

*****

A media mañana del 20MAR20, tal como estaba previsto, fue instalado el 54 período extraordinario de la Asamblea General de la OEA. La sesión fue celebrada en el Salón Simón Bolívar en condiciones excepcionales por las cuales sólo estaba presente un miembro por casa país miembro además del personal mínimo de apoyo. Solamente la delegación de Dominica faltó a la cita. Almagro resultó electo con 23 votos contra 10 de su rival en votación secreta, lo que indicó que algunos países caribeños apoyaron a Almagro. La reelección de Luisw Almagro confirmaba la desaparición del castrochavismo como fuerza política que imponía posiciones dentro de la OEA.

La representante del gobierno de Manuel López Obrador realizó tres intervenciones en plan obstruccionista durante la sesión. La embajadora Baños Rivas pidió la palabra para oponerse a la presencia del representante de la Asamblea Nacional de Venezuela, después para rechazar la designación del representante de Ecuador como Presidente de la Asamblea y finalmente para declarar la guerra a Almagro en nombre de su país. Leyendo un texto previamente preparado por su cancillería, la embajadora mexicana dijo a Almagro que "Usted inicia un segundo periodo, no solo con la falta de apoyo, sino con el rechazo de un grupo importante de Estados".

Poco después el canciller del gobierno Maduro, Jorge Arreaza, emitió un comunicado calificando como "apresurada e inoportuna" la reelección de Almagro. Maduro, que abandonó la organización en 2019, quedaba en evidencia sobre su intervención en la maniobra ejecutada por sus socios dentro de la OEA.

26. RECOPENSAS POR JERARCAS CHAVISTAS

La Fiscalía General de EEUU difundió el 26MAR20 las acusaciones penales que presentaba contra Nicolás Maduro, el cogobernante Diosdado Cabello, el ministro de la Defensa Vladimir Padrino, el presidente del Tribunal Supremo de Justicia Maikel Moreno y otros altos jerarcas del régimen chavista como Tareck El Aissami Madd quien ha ocupado altísimos cargos de gobierno. Las acusaciones incluían igualmente a Iván Márquez y Jesús Santrich, dos comandantes de la guerrilla colombiana Farc que rompieron con los acuerdos de paz y pasaron a la clandestinidad. El Departamento de Estado de EEUU, a su vez, informó la decisión de ofrecer "recompensas por información que conduzca al arresto y / o condena" de Maduro, Cabello, El Aissami y los militares retirados Hugo Carvajal Barrios y Clíver Alcalá Cordones.

Maduro y Cabello fueron acusados de "participar en una conspiración narcoterrorista, que conlleva una sentencia mínima obligatoria de 20 años y un máximo de cadena perpetua", "conspirar para importar cocaína a los EEUU, que conlleva una sentencia mínima obligatoria de 10 años y un máximo de cadena perpetua", "usar y transportar ametralladoras y dispositivos destructivos durante y en relación con, y poseer ametralladoras y dispositivos destructivos para promover las conspiraciones de narcotráfico e importación de cocaína, que conlleva una sentencia mínima obligatoria de 30 años y un máximo de la vida en prisión" y "conspirar para usar y transportar ametralladoras y dispositivos destructivos durante y en relación con, y poseer ametralladoras y dispositivos destructivos para promover las conspiraciones de narcotráfico e importación de cocaína, lo que conlleva una sentencia máxima de cadena perpetua". El caso contra Maduro corre a manos de la Fiscalía del Distrito Sur de Nueva York.

La acción de la Fiscalía de EEUU al develar los casos judiciales contra los jerarcas chavistas colocó el "tema Venezuela" en un nuevo nivel. La estrategia del gobierno de EEUU desde la llegada de Donald Trump a la Casa Blanca ha sido crear condiciones para que los socios internos (y externos) de Maduro lo presionaran a la renuncia. "Esta disposición es con la finalidad de "obligarlo o convencerlo" de aceptar unas negociaciones "exactas y precisas por elecciones presidenciales" dijo el encargado de la Embajada virtual de EEUU en Venezuela, James Story, en declaraciones a "El Nacional" de Caracas. En el alto chavismo calcularon que la crisis mundial por el COVID-19 daría un alivio a las presiones internacionales que reclaman la redemocratización de Venezuela. La evaluación del chavismo fue equivocada.

Por cierto, en la acusación por "conspiración para cometer lavado de dinero y lavado de dinero" que la Fiscalía del Distrito Sur de la Florida presentó contra Maikel Moreno, narra que "un director de concurso de belleza venezolano" habría recibido US $40.000 de manos del señalado.

*****

Los gobiernos de Cuba, Irán y Rusia emitieron declaraciones atacando la acción de la fiscalía estadounidense. En su rueda de prensa del 27MAR20, la vocera del Ministerio de Exteriores ruso María Zajárova, luego de expresar usuales ataques a la oposición "radical" venezolana, afirmó que "Rusia continuará ayudando a Venezuela, incluso en la normalización de la situación sanitaria y epidemiológica".

El gobierno ruso, además, ratificó el 28MAR20 la decisión de reforzar su presencia en Venezuela como actor petrolero y aliado del régimen chavista. La empresa petrolera Rosneft anunció la venta de sus activos en Venezuela y el fin de sus operaciones incluyendo su participación en las empresas productoras y comercializadoras Petromonagas, Petroperija, Boqueron, Petromiranda y Petrovictoria. Rosneft es una empresa controlada por el gobierno ruso pero cuya propiedad accionaria es compartida con la BP británica y con el fondo catarí QH Oil Investments LLC. Según el comunicado emitido por Rosneft, había alcanzado un acuerdo "para vender todos sus intereses" en Venezuela a una empresa "100 por ciento propiedad del gobierno de la Federación Rusa" cuyo nombre era obviado en el texto. Se trataría de una maniobra de cambio de bandera para mantener las operaciones petroleras rusas en Venezuela mediante una empresa de capital estrictamente estatal ruso, lo que pudiera sortear temporalmente las sanciones que EEUU había ido imponiendo a subsidiarias de Rosneft involucradas en la venta de crudo venezolano favoreciendo al régimen chavista.

27. DESPLIEGUE MILITAR EN EL CARIBE

El 01ABR20 ante los periodistas convocados para la rueda de prensa diaria sobre el COVID-19, Donald Trump se presentó con los secretarios de Defensa y Justicia Mark Esper y William Barr, el consejero de Seguridad Nacional Robert O'Brien, el jefe del Estado Mayor general Mark Milley, el jefe de Operaciones Navales almirante Michael M. Gilday y el comandante de la Guardia Costera almirante Karl L. Schultz.

Esper afirmó que el gobierno Trump se proponía "mejorar las operaciones antinarcóticos en el Océano Pacífico Oriental y el Mar Caribe" con el "despliegue de buques, aviones y fuerzas de seguridad adicionales en el Área de Responsabilidad del Comando Sur de los EEUU (...) Estas fuerzas adicionales casi duplicarán nuestra capacidad para llevar a cabo operaciones antinarcóticos en la región". No dejó de llamar la atención la ausencia del almirante Craig Faller, comandante del Comando Sur y basado en la Florida, lo que hizo suponer que la decisión de lanzar el anuncio había sido una precipitada decisión de la Casa Blanca.

Trump se refirió a una gran operación con "22 naciones asociadas" y alegó que "a medida que los gobiernos y las naciones se centran en el coronavirus, existe una creciente amenaza de que los carteles, los delincuentes, los terroristas y otros actores malignos intenten explotar la situación para su propio beneficio". Esper afirmó que "actores corruptos, como el ilegítimo régimen de Maduro en Venezuela, dependen de las ganancias derivadas de la venta de narcóticos para mantener su poder opresivo" enlazando de esta manera el "tema Venezuela" con el aumento de las fuerzas estadounidenses en tareas antinarcóticos.

Sin duda no se habló en esa ocasión de una acción militar sobre Venezuela sino de un aumento de las operaciones contra el tráfico de drogas, armas y personas que regularmente realiza la denominada "Fuerza de Tarea Conjunta Interagencias del Sur" (JIATF South) dependiente del Comando Sur de EEUU. El único orador que ligó "el tema Venezuela" al despliegue militar fue el secretario Esper. Pero en el imaginario colectivo, en las altas jerarquías del chavismo y de la Oposición aquellas declaraciones parecieron ser el anuncio de una expedición punitiva a territorio venezolano para la captura de Maduro y los suyos.

*****

El anuncio de Trump sobre una operación antinarcóticos en aguas del Caribe se producía luego de dos acciones directamente enfocadas sobre los altos jerarcas chavistas. El 26MAR20 el Departamento de Justicia, con el necesario consentimiento del Departamento de Estado, informó sobre procesos judiciales iniciados por la Fiscalía de EEUU contra Nicolás Maduro y otros altos jerarcas del régimen acusándolos de tráfico de drogas y narcoterrorismo. Ese mismo día, el Departamento de Estado ofreció recompensas por "información que conduzca al arresto y / o condena" de Maduro y varios de los enjuiciados.

El 31MAR20, el Departamento de Estado de EEUU difundió un documento denominado "Marco de Transición Democrática" en el cual exponían una ruta para la redemocratización de Venezuela. El documento ampliaba las propuestas ya presentadas por EEUU el 09ENE20 a favor de "un gobierno de transición negociado y ampliamente aceptable" que convocara a elecciones presidenciales.

El documento del 31MAR20 incluía la propuesta hecha por los delegados de Juan Guaidó en las negociaciones con Nicolás Maduro promovidas por el gobierno de Noruega a mediados de 2019. La renuncia de Maduro y Guaidó a sus condiciones presidenciales y la designación de un Consejo de Estado con participación de chavistas formaba parte del esquema de transición presentado por el secretario de Estado Mike Pompeo. Por cierto, la propuesta de Pompeo no fue bien acogida por todo el gobierno Trump. Algunos altos funcionarios de la Casa Blanca encargados de los temas de seguridad nacional calificaron como "excesivamente diplomático" ese eventual marco de transición.

Con Maduro en la lista de acusados por la Fiscalía de EEUU, con una recompensa en su contra y con una oferta de mano suave a cambio de su renuncia, el anuncio de las operaciones militares en el Caribe fue presentado por el chavismo y por algunos sectores opositores venezolanos como la señal de una inminente intervención militar.

*****

La inclusión en la agenda de lo que Trump calificó como la "mayor operación antinarcóticos" sorprendió en diversos medios políticos de EEUU.

El Departamento de Defensa acababa de ordenar una casi total paralización de las movilizaciones de su personal civil y militar a largo del planeta para evitar contagios de COVID-19. En esos días Trump dedicaba sus intervenciones diarias para advertir a los estadounidenses sobre el alto número de muertes por COVID-19 que los expertos gubernamentales estaban previendo con base en predicciones de la Universidad de Washington. Un informe generado el 29MAR20 por el Instituto de Métricas y

Evaluación de Salud de esa universidad colocaba en 81.114 el número de descensos esperables al 04AGO20, además de advertir sobre una inminente crisis por falta de camas hospitalarias y equipos de respiración en varios estados. Aquellos números hicieron que Trump abandonara su posición negacionista del impacto del coronavirus y asumiera temporalmente la línea de promover medidas de control social y paralización de actividades.

Las propias fuerzas militares estadounidenses y especialmente la Armada, se encontraban ese día atendiendo el grave caso de la propagación de COVID-19 entre la tripulación del portaviones USS Theodore Roosevelt detenido en Guam en medio del Pacífico. La decisión del Pentágono de no liberar información sobre casos de COVID-19 entre la tropa fue tomada cuando ya se conocían diversos casos en bases estadounidenses. Además, el propio desarrollo de la pandemia en EEUU había hecho que los protocolos militares para el funcionamiento del gobierno en caso de una grave crisis con el liderazgo civil inhabilitado, ya habrían sido activados bajo responsabilidad del comandante del Comando Norte general Terrence J. O'Shaughnessy, según reportara Newsweek el 18MAR20.

*****

El estado de crispación nacional por el avance de la enfermedad que incluso hacía temer por la continuidad del propio gobierno, no parecía ser el mejor escenario para una inminente acción militar de EEUU en Venezuela.

Incluso el propio Trump se vio obligado a aclarar en la rueda de prensa del 01ABR20 que "nuestras fuerzas están totalmente equipadas con equipo de protección personal, y hemos tomado medidas de seguridad adicionales para garantizar que nuestras tropas se mantengan saludables". La aclaratoria del comandante en jefe sobre la protección para evitar el contagio de COVID-19 dejaba claro que la operación anunciada no era la supuesta invasión a Venezuela que inmediatamente denunciara el régimen chavista y sus aliados. El Grupo de Puebla, el nuevo altoparlante internacional de la izquierda radical continental, denunció un "escalamiento de tensiones en el área en momentos en que todo nuestro hemisferio debería estar solidariamente unido en torno a atender como prioridad máxima las afectaciones humanas del COVID-19".

La inminencia de una acción militar sobre Venezuela era tan falsa que una de las naves con las que contaba el Comando Sur para operaciones en el Caribe, el USS Detroit (LCS 7), se encontraba el 01ABR20 en la base naval de Key West para mantenimiento no programado (emergent repairs). La tripulación del USS Detroit permanecía en puerto bajo estrictas medidas de aislamiento para evitar contagios de COVID-19.

*****

Desde el año 2018 bajo la coordinación de Colombia se han desplegado en el Caribe y en el Pacífico Oriental, operaciones denominadas "Campaña naval y fluvial contra el narcotráfico Orión". En esas campañas han participado diversas fuerzas y agencias de EEUU que integran la JIATF, así como personal militar, policial, tributarios y de inteligencia de una veintena de países incluyendo a España, Brasil, México, Panamá, Costa Rica, El Salvador, Honduras, Guatemala, Nicaragua, Francia, Holanda, Perú, Ecuador, República Dominicana, Trinidad y Tobago, Jamaica, las Antillas neerlandesas y francesas, Argentina, Canadá y Chile.

El 09-10MAY19 en Cartagena de Indias, Colombia, la Armada colombiana fue la anfitriona de una jornada de evaluación de la "Orión 3" ejecutada el año anterior. A su vez, los oficiales operativos y de inteligencia de las armadas presentes adelantaron la planificación de la "Orión 4" que sería ejecutada en el segundo semestre del año 2019.

Tras los anuncios de Trump sobre una gran operación antinarcóticos, el Ministerio de Defensa de Colombia emitió un comunicado el 05ABR20 señalando que "sobre actuaciones conjuntas de Colombia con otros países de la región, entre ellos EEUU, el Ministro Holmes Trujillo explicó a la opinión pública que las autoridades colombianas participan, junto con 22 naciones de América y Europa, en la Campaña Naval Orion que tiene como propósito el intercambio de información que permita a los países fortalecer sus capacidades de interdicción de drogas ilícitas". El 07ABR20, el presidente colombiano Iván Duque anunció el inicio de "Orión 5" que según voceros militares de EEUU sería una operación con apoyo estadounidense que se efectuaba en paralelo a la operación anunciada por Trump.

*****

Durante sus comparecencias ante el Comité de Servicios Armados del Senado el 30ENE20 y ante el comité homólogo de la Cámara de Representantes el 11MAR20, el comandante del Comando Sur almirante Craig Faller se refirió a la amenaza que para la seguridad de EEUU representa la creciente presencia de Rusia y China y de "organizaciones criminales trasnacionales" en el hemisferio. Según Faller el Hemisferio Occidental es un "espacio crítico en la competencia global".

En su comparecencia ante la Comisión de Servicios Armados de la Cámara, Faller afirmó que "habrá un aumento en la presencia militar estadounidense en el hemisferio a finales de este año. Esto incluirá una mayor presencia de barcos, aeronaves y fuerzas de seguridad para tranquilizar a nuestros socios... y contrarrestar una serie de amenazas que incluyan el narcoterrorismo ilícito". El anuncio de Trump del 01ABR20 se correspondía con lo advertido previamente por Faller. Si bien el Comando Sur se muestra usualmente renuente a informar sobre la incorporación de nuevos "activos", el 13ABR20 divulgó que el destructor misilístico USS Pinckney (DDG 91) había sido transferido a la

Cuarta Flota para sumarse a las tareas de la JIATF South. Previamente el USS Pinckney formaba parte del grupo de naves de combate que acompañan al portaviones USS Theodore Roosevelt en aguas del Pacífico.

*****

El 17ABR20 el almirante Craig Faller ofreció una rueda de prensa, vía telefónica, en la cual se refirió al despliegue anunciado por Trump. El almirante afirmó que "esta operación no está dirigida específicamente a Maduro, pero Maduro es cómplice y está involucrado en el narcotráfico". Negó que la operaciones del Comando Sur estuvieran orientadas a una intervención militar en Venezuela agregando que la "estrategia y la política del gobierno de EEUU con Venezuela continúa siendo una presión diplomática y económica". También indicó que el Comando Sur "trabaja con otras naciones asociadas y nuestro Departamento de Estado para que estemos listos para los tipos de asistencia que podrían requerirse en un entorno posterior a Maduro".

Faller precisó algunos detalles de la "operación" anunciada por Trump el 01ABR20 resaltando que "hemos mantenido nuestras operaciones contra los narcotraficantes, así que esto no es algo nuevo que comenzó el primero de abril". "El Comando Sur ha estado realizando misiones antinarcóticos durante muchos años. Recientemente, basado en un reconocimiento de la amenaza, el Presidente aprobó un mayor nivel de fuerzas para esta misión" y el almirante enfatizó que "el Presidente aprobó esta operación, antes de que el mundo se viera envuelto en la crisis COVID".

Igualmente Faller dejó entender que la pandemia del COVID-19 había alterado los planes de acción militar: "nuestra misión prioritaria en el Comando Sur ha sido la salud y la seguridad de nuestra fuerza laboral, y equilibramos esa misión con la necesidad de llevar a cabo nuestro misiones esenciales de defensa nacional, como los antinarcóticos".

Por cierto, Faller calificó a los gobiernos de Brasil y Colombia como "nuestros mejores socios" en materia de seguridad.

*****

El régimen chavista intentó impedir una operación del gobierno brasileño para evacuar a su personal diplomático que permanecía en Caracas.

El 02MAR20 la cancillería brasileña convocó al Palacio de Itamaraty a funcionarios diplomáticos acreditados por Nicolás Maduro y que continuaban controlando las instalaciones de la Embajada de Venezuela y los diversos consulados. Jair Bolsonaro no reconoce al gobierno de Maduro y desde 2019 interactúa oficialmente con María Teresa Belandria, la enviada de Juan Guaidó, quien recibe tratamiento de Embajadora y Jefe de Misión diplomática en Brasilia.

Los funcionarios de Itamaraty informaron a los enviados de Maduro sobre la decisión de cerrar la Embajada en Caracas y les requirieron abandonar Brasil antes del 02MAY20 cuando serían declarados "persona no grata" y expulsados del país. Itamaraty les propuso realizar una retirada recíproca y simultanea de los funcionarios de las respectivas Embajadas.

El 13MAR20 cuando el ministro de Defensa chavista Vladimir Padrino contactó telefónicamente al ministro Fernando Azevedo e Silva a propósito de la pandemia de COVID-19, el brasileño habría solicitado coordinar el viaje a Venezuela de una aeronave militar para trasladar a Brasilia un grupo de aproximadamente setenta personas formado por el personal de la embajada en Caracas (diplomáticos, militares y administrativos) y sus familias. El Ministerio de Defensa de Brasil suponía erradamente que tras la conversación entre Padrino y Azevedo contaría con la autorización para el viaje de evacuación el cual fue programado por la Fuerza Aérea Brasileña para el 18ABR20. Según una nota del 14ABR20 de la revista brasileña Oeste, el gobierno Maduro no había autorizado la operación luego de meses de negociaciones. Finalmente, el 17ABR20 un avión militar Hércules C-130 de la Fuerza Aérea de Brasil viajó a Venezuela para recoger un grupo de 38 personas entre funcionarios de la Embajada y sus familiares además de brasileños varados en Caracas. De esta manera Brasil cerraba sus sedes diplomáticas en Venezuela.

28. BUSCANDO PLEITO EN BRASIL

Nicolás Maduro procuraba crear un incidente en Brasil.

Tal como relatara el Informe Otálvora del 28MAR20, el gobierno de Brasil informó a los diplomáticos que Maduro aún mantenía en Brasilia, la decisión de declararlos "persona no grata" en caso de que permanecieran en el país al 01MAY20. La notificación les fue transmitida de forma verbal en un encuentro sostenido en el Palacio de Itamaraty el 02MAR20 entre la cancillería brasileña y varios funcionarios de Maduro a quienes les informaron la decisión brasileña de cerrar la Embajada y los consulados en Venezuela. Igualmente les pidieron abandonar Brasil para lo cual se les ofreció coordinar la evacuación que debería cumplirse a más tardar el 01MAY20. En caso contrario los funcionarios diplomáticos y consulares dejarían de contar con reconocimiento oficial y perderían sus inmunidades y privilegios así como el visado que permite permanecer en territorio brasileño.

El personal brasileño abandonó Venezuela el 17ABR20 en un operativo de la Fuerza Aérea de Brasil. En tanto, Maduro se negó a retirar a una treintena de sus diplomáticos en Brasil, en contraste con lo que ordenó para su personal en EEUU, Colombia o Costa Rica. Maduro habría solicitado a sus socios Lula da Silva y Dilma Rousseff presionar políticamente para impedir la salida de sus funcionarios. El PT decidió recurrir al Supremo Tribunal Federal para paralizar la medida de Itamaraty. Jair

Bolsonaro, quien reconoce a Juan Guidó como mandatario de Venezuela, rompió relaciones con Maduro a quien no reconoce. El 05MAR20 Brasil emitió la expulsión de los funcionarios diplomáticos, pero el gobierno Maduro inicialmente prefirió no darse por aludido intentando preservar sus bases de operaciones dentro de Brasil.

*****

En marzo, la cancillería brasileña procuraba que el caso de los diplomáticos de Maduro no se convirtiera en un impasse aunque habría diseñado una lista de procedimientos orientada hacia la deportación de los funcionarios, preservando las formas "diplomáticas".

El 28ABR20 Itamaraty, mediante una comunicación escrita, recordó a los funcionarios de Maduro en Brasilia la orden para abandonar el país antes del 02MAY20. El canciller de Maduro, Jorge Arreaza, dejó saber que sus funcionarios no saldrían de Brasil mientras el opositor PT emitía un pronunciamiento asegurando sin sustento alguno que la medida era "un paso más del movimiento bélico de EEUU contra Venezuela".

El 01MAY20 el Fiscal General de Brasil, Augusto Aras, emitió e hizo divulgar intensamente un documento mediante el cual "recomienda" al Ministerio de Relaciones Exteriores que "evalúe la posibilidad de suspender el cumplimiento de la orden de retirada inmediata del personal del cuerpo diplomático venezolano". Alegaba Aras que "la situación de la salud en Venezuela es objeto de debate en la esfera internacional con evidencias de que se encuentra en situación crítica". Aras pedá reconsiderar el "plazo y el modo para el cumplimiento de la medida" la cual no contradice. Aras fue designado en el cargo con el abierto apoyo de Jair Bolsonaro.

El sábado 02MAY20 Luís Roberto Barroso, un miembro del Supremo Tribunal Federal, aprobó una medida de habeas corpus, por diez días, paralizando la expulsión de los diplomáticos de Maduro. La medida había sido solicitada por el diputado federal del PT Paulo Pimenta.

29. SANCIONES A RUSIA, CHINA Y VENEZUELA

El gobierno de EEUU señaló al régimen chavista como un burladero que China y Rusia utilizarían para la adquisición de productos tecnológicos estadounidenses de potencial aplicación militar.

Desde el inicio del gobierno de Hugo Chávez en 1999, EEUU implementó limitaciones para la venta de tecnología de punta de patente estadounidense, especialmente supercomputadoras, tanto al gobierno como a empresas privadas venezolanas. De esa manera Washington procuraba impedir el acceso de Cuba a tecnología informática de punta, por ejemplo. Aquellas medidas restrictivas se fueron incrementando en los siguientes años a medida que Washington aplicaba crecientes sanciones al régimen chavista. El 07NOV14, EEUU unificó las medidas de "licencia previa" que impuso a China en 2007 y, a Rusia y Venezuela desde 2014.

El Departamento de Comercio de EEUU publicó en la edición del 28ABR20 del "Federal Register" una larga lista de productos que en lo sucesivo requerirían licencia previa para su exportación, reexportación o transferencia hacia China, Rusia y Venezuela. En la práctica se trata de una prohibición a las empresas de EEUU y clientes extranjeros de esas empresas para suministrar tecnología estadounidense de uso inicialmente civil pero que podría "usarse en el desarrollo de armas, aviones militares o tecnología de vigilancia". En sus argumentos, el Departamento de Comercio cita que "tanto China como Rusia apoyan la dictadura en Venezuela y buscan ampliar los vínculos militares y venta de armas en toda la región".

Washington de esa manera estaba homogenizando las sanciones y restricciones comerciales de tecnología de punta hacia Rusia y China incluyendo a Venezuela. Además, el Departamento de Estado de EEUU se pronunció sobre las especiales relaciones del régimen chavista con el régimen de Irán a quienes el secretario de Estado Mike Pompeo calificó el 29ABR20 como "pájaros del mismo plumaje". Pompeo dijo que "en los últimos días, varios aviones pertenecientes a Mahan Air han transferido un apoyo desconocido al régimen de Maduro. Esta es la misma aerolínea terrorista que Irán usa para mover armas y combatientes alrededor del Medio Oriente". Después, el 01MAY20, Pompeo tuiteó que "los matones de Maduro saquearon nueve toneladas de lingotes de oro y lo enviaron al régimen iraní" agregando que Maduro está asociado con "el principal patrocinador estatal del terrorismo".

*****

El Pentágono optó por recurrir a personal militar de la reserva para incrementar el pie de fuerza en las operaciones antinarcóticos que Trump autorizó incrementar en el Caribe y el Pacífico Oriental.

Cuando el 01ABR20 Trump anunció "la operación", su Secretario de Defensa Mark Esper aseguró que impactaría, por ejemplo, en las finanzas del régimen chavista. Por su parte el almirante Craig Faller, comandante del Comando Sur, ha reiterado que "la operación" a la cual Trump se refirió se correspondía a un incremento de la presencia de EEUU en la región, mediante un aumento de sus activos militares, con fines de reforzar las acciones contra el narcotráfico y otros flujos ilegales. El nombre oficial de la "operación" es "Enhanced Department of Defense Counternarcotic Operation in the Western Hemisphere". En realidad no se trata de una "operación" temporal sino de la implementación de un plan de expansión de la capacidad bélica estadounidense en el denominado Hemisferio Occidental.

*****

Trump notificó el 30ABR20 a la presidenta de la Cámara de Representantes Nancy Pelosi y al presidente del Senado la emisión de una Orden Ejecutiva mediante la cual autorizó al Secretario de Defensa para "ordenar a las unidades y a miembros individuales de la Reserva Seleccionada (…) para aumentar las fuerzas componentes activas de la "Operación Antinarcóticos en el hemisferio occidental". El texto de la Orden alega la necesidad de "incrementar las Fuerzas Armadas regulares de EEUU para la misión operativa" por lo cual ordena al secretario Esper convocar hasta 200 reservistas no asignados a otra unidad para sumarse a la "operación". Los reservistas procederán de la denominada Selected Reserve integrada por personal formado militarmente, en condición de fuera de servicio, pero en disposición inmediata para regresar a filas. El 27MAR20 Trump emitió una orden análoga disponiendo la convocatoria de esa reserva para acciones internas a raíz de la pandemia.

*****

Ya el COVID-19 había impactado en los activos militares asignados al Comando Sur de EEUU para sus actividades. El destructor misilístico USS Kidd (DDG 100) destinado a operaciones antinarcóticos en el Pacífico oriental debió regresar el 28ABR20 a su base en San Diego, California. El 22ABR20 había sido evacuado un marinero "después de experimentar dificultad para respirar" tras lo cual fueron realizadas pruebas médicas a toda la tripulación y fue ordenado el regreso de la nave a puerto "para brindar atención médica para sus marineros y para limpiar y desinfectar el barco".

******

En medio de la crisis planetaria por el COVID-19, Donald Trump y su secretario de Estado Mike Pompeo habían mantenido una constante comunicación telefónica con mandatarios de diversos países a los que consideran aliados. El "tema Venezuela" formó parte de las conversaciones con varios mandatarios latinoamericanos.

Trump se comunicó el 23ABR20 con Iván Duque a quien ofreció suministrarle equipos médicos para atender la pandemia. Igualmente hablaron de "continuar trabajando para abordar la actual crisis de Venezuela y otras prioridades mutuas en la región". Duque mencionó el tema de la migración venezolana en Colombia y el peso que representa para el Estado colombiano.

El 27ABR20, Pompeo incluyó en su agenda dos llamadas telefónicas: a Juan Guaidó y a Duque. Según el Departamento de Estado, Pompeo y Duque "discutieron su objetivo mutuo de una transición pacífica a la democracia en Venezuela, así como nuestros esfuerzos conjuntos para satisfacer las necesidades de los migrantes y refugiados venezolanos obligados a huir de las condiciones desastrosas y represivas en su país". La conversación de Duque y Pompeo se producía en momentos cuando una oleada de venezolanos intentaban regresar a su país cruzando Colombia, ante la paralización económica de los países de la región y un inocultable ambiente antimigrantes venezolanos que ha cundido en Perú, Ecuador e incluso Colombia.

*****

El malestar de los colombianos hacia los migrantes venezolanos había tendido a incrementarse según la una encuesta Gallup conocida a mediados del mes de mayo.

El trabajo de campo para la encuesta fue ejecutado por la empresa Invamer entre 18 y 26ABR20, en medio de las medidas de "aislamiento preventivo obligatorio" por el COVID-19, en las cinco principales ciudades de Colombia. El 70% de los encuestados aprueba la forma como Duque "está enfrentando la contingencia" y el 56% cree que "lo peor está por venir" por la pandemia. El 67% afirmaba que sus ingresos se redujeron por las medidas de control social y el 51% dijo que su familia estaba "mercando" menos. En ese contexto, la imagen negativa de "los venezolanos que han llegado a Colombia para quedarse" había subido de 52% en octubre de 2018 hasta 81% en abril del 2020. Un funcionario del gobierno colombiano que hace seguimiento al tema Venezuela, consultado para este Informe, aseguró que estas cifras se corresponden con una "creciente xenofobia" contra los venezolanos la cual el gobierno Duque intentará frenar mediante una campaña de concientización. De hecho, el 87% de los encuestados dijo estar de acuerdo con mantener cerradas las fronteras con Venezuela para que no entren venezolanos, una vez finalicen las medidas de "aislamiento obligatorio" por el COVID-19.

Por cierto, el 94% tenía opinión negativa de Nicolás Maduro y el 66% mostraba opinión negativa sobre Donald Trump. La imagen positiva de Juan Guaidó entre los colombianos cayó de 80% en febrero de 2019 a 52% y, su percepción negativa había crecido de 9% a 29% en el mismo lapso.

30. LA TESIS DE JOAQUIN VILLALOBOS

En octubre de 2019 Juan Guaidó habría compartido con "países aliados" la información "relevante" que manejaba "sobre un grupo de militares y civiles en el exilio que habían sido contactados e infiltrados por agentes de la dictadura". La información se refería a lo que posteriormente se conocería como la "Operación Gedeón".

Así lo señala un documento que circuló en varias cancillerías suramericanas y europeas. El reporte está fechado el 08MAY20 y contiene una detallada explicación del equipo de Guaidó ante lo que el régimen chavista presentó como una "invasión militar" promovida por EEUU, Colombia y Guaidó.

El 03MAY20 las costas centrales de Venezuela fueron el escenario de intentos de desembarco de hombres armados procedentes de Colombia, incluyendo a varios soldados de la fortuna estadounidenses, militares retirados venezolanos y civiles. Se trataba de la concreción de un plan para derrocar a Nicolás Maduro mediante una operación armada desde el extranjero. La operación de la cual había informado la agencia Reuters desde el 01MAY20, habría sido inicialmente diseñada por aliados de Guaidó y posteriormente habría quedado en manos de militares antiguamente asociados al chavismo quienes fueron infiltrados por la inteligencia cubana y agentes militares del régimen. La operación fue una aventura sin posibilidades reales de lograr sus objetivos pero que comprometía al liderazgo opositor.

*****

Juan Guaidó y su "canciller" Julio Borges celebraron el 04-05MAY20 una reunión-taller con todos sus representantes diplomáticos en el extranjero con el objeto de debatir un documento con líneas de acción "estratégica". Un punto central de lo debatido fue sobre el propósito de destacar a nivel internacional que la propuesta de Guaidó es un "proyecto hecho por los venezolanos para buscar una solución política en el país, que permita conformar Gobierno de Emergencia Nacional para atender la crisis humanitaria compleja y avanzar hacia unas elecciones presidenciales libres".

La primera jornada, con una audiencia de 150 personas conectadas, fue bajo invitación y contó con expositores sobre la situación petrolera y política mundial, así como sobre las acciones de la izquierda en Latinoamérica. A la reunión virtual fueron invitados representantes de la OEA, EEUU, Unión Europea y Grupo de Lima.

La segunda jornada fue diseñada como una sesión interna, sólo con participación de los miembros del equipo de Guaidó en la cual debatirían sus líneas de acción internacional.

******

La presencia de Joaquín Villalobos en el evento de los diplomáticos de Guaidó tenía como propósito escuchar sus observaciones sobre el "contexto geopolítico de la izquierda en América Latina como soporte de Nicolás Maduro". Villalobos, líder guerrillero de izquierda en los años ochenta en su país, es actualmente un reconocido consultor en temas de resolución de conflictos. En esa condición actuó como asesor del colombiano

Juan Manuel Santos en las negociaciones de paz con las Farc celebradas en La Habana que condujeron a los acuerdos de 2016. Igualmente, Villalobos participó como asesor de la delegación de la oposición venezolana en las negociaciones seguidas con el gobierno de Maduro en República Dominicana en 2017-2018.

Parte del contenido de la intervención de Villalobos en el evento organizado por Julio Borges del 04MAY20, apareció en forma de artículo en la edición del 07MAY20 de El País de Madrid, bajo el título "Venezuela, ¿negociar o no negociar?".

Villalobos se pregunta "¿por qué razón, después de tantos años con un conflicto en Venezuela, que no es guerra, no ha habido una solución negociada, mientras, en casos más graves y complejos, esta ha sido posible?", Y su respuesta es que "las negociaciones en Venezuela han fracasado porque suponen que es un conflicto entre venezolanos cuando, en realidad, se trata de un país intervenido por Cuba". Villalobos agrega que "los cubanos son el poder real en Venezuela y sin señalar su responsabilidad, sin presionarlos, sin exigirles su retirada y sin sentarlos en la mesa no es posible una negociación. La solución es que Cuba transite a la democracia y al capitalismo de una vez por todas". Villalobos no lo dice en su artículo pero si lo afirmó durante su teleconferencia: los sectores democráticos de Cuba, Venezuela y Nicaragua deben procurar acuerdos para actuar coordinadamente.

******

La visión de Villalobos coincide con la forma como el gobierno de Donald Trump fue perfilando el "tema Venezuela" como indisoluble del "tema cubano". De hecho en el Departamento de Estado fue fusionado en un mismo despacho y funcionario el tratamiento de Venezuela y Cuba. Por cierto, el Departamento de Estado decidió dejar sin efecto el compromiso del gobierno de Barack Obama para retirar a Cuba del listado de países promotores del terrorismo que fue una de las condiciones del régimen castrista para "normalizar" las relaciones. El Departamento de Estado de EEUU emitió el 12MAY20 su listado que por ley debe producir anualmente informando al Congreso sobre países que cooperan con EEUU en el combate al terrorismo. Cuba fue reingresada al listado de la cual había sido sustraída en 2015 de los gobiernos "no cooperantes" en el combate al terrorismo. Con ello el régimen castrista se sumó a Irán, Corea del Norte, Siria y Venezuela. EEUU censuraba la negativa cubana de entregar a Colombia a diez jefes de la guerrilla del ELN que vivían en La Habana y eran señalados como responsables por el ataque del 17ENE19 cuando un carro-bomba explotó en la Escuela de Cadetes de la Policía Nacional en Bogotá.

En la explicación de la inclusión de Venezuela en el listado de "no cooperantes en la lucha contra el terrorismo", el Departamento de Estado precisa que "si bien Maduro no fue el reconocido Presidente de Venezuela durante este período [2019], su control dentro de Venezuela impidió efectivamente la cooperación con los Estados Unidos en los esfuerzos contra el terrorismo".

*****

La credibilidad de la CEPAL ha quedado en seria duda tras la abierta vinculación de su Secretaria Ejecutiva, la mexicana Alicia Bárcena, al grupo internacional izquierdista Grupo de Puebla GP. Bárcenas, quien dirige el organismo regional de la ONU desde el 01JUL08, formó parte de los participantes en el "III Encuentro del Grupo de Puebla" realizado el 10ABR20 junto con Lula Da Silva, Dilma Rousseff, Rafael Correa, Evo Morales, Ernesto Samper Pizano, Martín Torrijos y José Luis Rodríguez Zapatero. En ese encuentro, realizado mediante video conferencia, participó igualmente el mandatario argentino Alberto Fernández quien es uno de los fundadores de la iniciativa que busca relanzar a la izquierda latinoamericana basándose en sus principales figuras que se autocalifican como "líderes progresistas".

******

El Grupo de Puebla fue creado el 10JUL19 y tiene como propósito "construir un nuevo proyecto común aprendiendo de nuestros errores y recuperando nuestra vocación de mayorías y de gobierno". La llegada de Fernández a la Presidencia argentina el 10DIC19 fue el primer éxito del grupo y desde entonces ha vinculado al gobierno de Argentina a las acciones del GP. Si bien Fernández no suele suscribir el creciente número de comunicados y proclamas del GP, el argentino no ha dudado en intervenir en eventos organizados por el grupo sobre política interna chilena el 23ABR20 y sobre Colombia el 15MAY20. Los comunicados del GP se han focalizado en la defensa de sus miembros Rafael Correa y Evo Morales, así como de los regímenes castrista y chavista, a la vez que ataca a los gobiernos de EEUU, Ecuador y al transitorio de Bolivia. En la práctica el GP está operando como una plataforma multiplicadora del discurso castrochavista a nivel internacional y, como herramienta cohesionadora de diversas tendencias izquierdistas en cada país mostrándose como una versión light del Foro de São Paulo. El gobierno de López Obrador igualmente se muestra activo dentro del GP. Maximiliano Reyes Zúñiga, el subsecretario para América Latina y el Caribe, participó en la sesión sobre política interna colombiana celebrado el 15MAY20.

31. LOS ACTIVOS MILITARES

El 01ABR20, cuando Donald Trump anunció la "mayor operación antinarcóticos" de la historia y su secretario de Defensa Mark Esper ejemplificó con las finanzas del régimen chavista como uno de los blancos de esa "operación", se creó la falsa impresión de que se trataba de una suerte de expedición temporal hacia el Caribe y el Pacífico Oriental.

No faltaron quienes vieron en ese anuncio la inminencia de una acción militar sobre Venezuela. En realidad, los planificadores castrenses de EEUU están ejecutando una acción para multiplicar los activos militares en el Hemisferio Occidental, enfocados a corto plazo en las operaciones antinarcóticos pero dirigidos a fortalecer a largo plazo la capacidad de combate en una zona que comienza a ser disputada por Rusia y China.

La Cuarta Flota, dependiente del Comando Sur, fue recreada el 05MAY08 después de medio siglo de haber sido disuelta. El Informe Otálvora del 18MAY08 narraba: "Chávez anunció que próximamente se realizaría una prueba de lanzamiento de un misil desde uno de los aviones Su-30 adquiridos a Rusia. Chávez detalló que la prueba sería en área marina y que él personalmente sería el artillero que activaría el disparo. Afirmó que los misiles con que cuentan los Su-30 serían utilizados para hundir la recién activada IV Flota de EEUU".

A la Cuarta Flota le fue confiada como área de responsabilidad las aguas del Caribe, América Central y América del Sur, pero no le fueron asignadas embarcaciones. La Cuarta Flota existió durante una década como una instancia administrativa, adscrita al Comando Sur y que disponía de las naves que temporalmente le fueran asignadas desde otras flotas. Esta situación está tendiendo a cambiar tras la aprobación por Trump de los planes diseñados por el Comando Sur de multiplicar los activos militares en el Hemisferio Occidental, por ahora orientados a la ejecución de operaciones antinarcóticos.

******

Según la información que ha ido liberando el propio Comando Sur de EEUU, en las últimas semanas se han incorporado diversas naves para sumarse a la Cuarta Flota en sus operaciones en el Caribe y el Pacífico Oriental. Fueron asignados a la Cuarta Flota por lo menos cuatro destructores misilísticos Clase Arleigh Burke, hasta hace poco tiempo basados en el Medio Oriente como activos de la Quinta Flota Entre ellos se encontrarían los destructores USS Pinckney (DDG 91), USS Lassen (DDG-82), USS Preble (DDG-88) y el USS Farragut (DDG-99). El destructor USS Kidd (DDG-100), de la misma clase de los anteriores, igualmente estaría asignado a las operaciones de la Cuarta Flota pero debió ser reconducido a un puerto de California el 28ABR20 ante la detección de casos de COVID-19 entre la tripulación.

La embarcación de más reciente construcción asignada a la Cuarta Flota es el USS Detroit (LCS-7), una nave de combate litoral lanzada en el 2014 y que se mantiene en operaciones antinarcóticos en el Caribe desde 2019. Así mismo, la patrullera USS Tornado (PC-14) forma parte de la flota ya activa en operaciones antinarcóticos. Las naves "cutter" USCGC James (WMSL-754) y el USCGC Waesche (WMSL-751), además de sus helicópteros, embarcaciones ligeras y personal embarcado en las naves de la Armada, sería aporte del servicio de Guarda Costas.

La flota cuenta además con el barco de aprovisionamiento USNS Laramie (T-AO-203) encargado de proveer combustible, alimentos y suministros en alta mar a las naves en operaciones, lo cual ampliará el tiempo de duración de las misiones antes de regresar a puerto. El USNS Laramie se encuentra actualmente en aguas del pacífico panameño tras navegar desde Florida.

*****

El 13MAY20, la Cuarta Flota publicó en su cuenta Twitter una serie de fotografías en las cuales aparecen navegando en formación, ya en aguas del Caribe, las naves USS Detroit, USS Lassen, USS Preble y USS Farragut. La imagen deja ver igualmente una aeronave Boeing P-8A Poseidon, parte del escuadrón VP-26 de la Armada de EEUU basado en Jacksonville, Florida.

Aeronaves P-8A entre cuyas capacidades se incluye la guerra electrónica, suelen realizar vuelos de reconocimiento sobre aguas del Caribe creando gran malestar en la jerarquía castrense del régimen chavista. De hecho, el 19JUL19 un avión caza Su-30 de la Fuerza Aérea venezolana realizó peligrosas maniobras de aproximación a un P-8A en espacio aéreo internacional sobre el Caribe.

32. VENEZUELA EN CONSEJO DE SEGURIDAD

Tras un acuerdo entre el gobierno de España, Juan Guaidó y Nicolás Maduro, el Banco de España transfirió 2,5 millones de euros a la Organización Panamericana de Salud OPS "para que sean empleados en la lucha contra la pandemia en Venezuela". Según el Ministerio de Exteriores de España, consultado para este Informe, se trata del "saldo remanente de una antigua cuenta del Banco Central de Venezuela en el Banco de España".

"Previo acuerdo con representantes del régimen y la Presidencia interina, dichos recursos fueron transferidos directamente a la OPS", reza la nota remitida por la Oficina de Información Diplomática según la cual "esta iniciativa española responde a la misma filosofía de fondo del acuerdo alcanzado esta semana entre OPS, Asamblea Nacional y Ministerio de Sanidad [de Venezuela]".

*****

Con fecha 01JUN20 fue suscrito un curioso documento entre Geraldo de Cosio como representante interino de la OPS en Venezuela, Carlos Alvarado como Ministro de Salud del gobierno Maduro y, Julio Castro como representante del gobierno de Juan Guaidó quien suscribió en calidad de "Asesor de temas de salud de la Asamblea Nacional para COVID-19". Mediante el acuerdo "las partes se proponen trabajar coordinadamente en la búsqueda de recursos financieros" para atender "la emergencia sanitaria". El "gobierno interino del Presidente (e) Juan Guaidó" informó que "tras varios meses de lucha hemos conseguido que la OPS pueda recibir los fondos aprobados para ayuda humanitaria" y "que los actores de la dictadura se comprometieran a no poner obstáculos a la ejecución del programa". El usual vocero del gobierno Maduro, Jorge Rodríguez, dijo por su parte que habían llegado a un acuerdo con "un sector del antichavismo" y "si el diablo quiere colaborar, le decimos al diablo que firme un convenio".

El acuerdo firmado permitiría la inyección al sistema de salud venezolano de materiales y servicios financiados con recursos controlados por Guaidó y que permanecen retenidos en el exterior.

*****

La cancillería mexicana, desde la llegada de Manuel López Obrador a la Presidencia el 01DIC18, progresivamente se fue convirtiendo en un activo miembro de la izquierda continental. Maximiliano Reyes Zuñiga, Subsecretario para América Latina y el Caribe de la cancillería de México, actúa como principal operador de las alianzas entre el gobierno mexicano y las organizaciones de izquierda en Iberoamérica. El presidente argentino Alberto Fernández y Reyes Zuñiga son altos funcionarios de gobiernos que a su vez son fundadores y miembros activos del "Grupo de Puebla", la organización que reúne a connotadas figuras de la izquierda iberoamericana en plan de recuperar el poder en Latinoamérica.

Alberto Fernández participa en los eventos del Grupo de Puebla en los cuales abiertamente se involucra en política interna de terceros países, pero el argentino cuida que su firma no aparezca en declaraciones y proclamas del Grupo. El mexicano Reyes Zuñiga, en cambio, ha suscrito numerosos documentos opinando, criticando y censurando a gobiernos extranjeros comprometiendo obviamente al gobierno al cual representa. El 31MAY20, Reyes Zuñiga firmó un documento expresando "profunda preocupación" por "la llegada de una brigada del Ejército norteamericano" a Colombia en relación al envío de 45 militares de EEUU en tareas de cooperación con el ejército colombiano en tareas antinarcóticos. Obviamente 45 hombres son bastante menos que una "brigada".

El 02JUN20, a raíz de la ola de protestas en EEUU por el asesinato de George Floyd, el vicecanciller mexicano Reyes Zuñiga firmó un documento denunciando "el anuncio del presidente Donald Trump respecto al despliegue inmediato de las Fuerzas Armadas para controlar y "dominar" la situación" y agregó que "este tipo de acciones recuerdan a los oscuros tiempos de las dictaduras y autocracias en nuestro hemisferio". Mientras López Obrador mantiene una línea personal de no confrontación con el gobierno de Donald Trump y alegó el principio de "no intervención" para abandonar el Grupo de Lima sobre Venezuela, la cancillería mexicana está abiertamente enlazada en la red de propaganda de la izquierda continental.

******

Mediando el año 2020 se daba como un hecho que el gobierno de México formaría parte del Consejo de Seguridad de la ONU a partir del 01ENE21, con lo cual los dos representantes de Latinoamérica en ese organismo serían de filiación izquierdista.

En ese momento la representación latinoamericana en el Consejo de Seguridad la ejercían República Dominicana y San Vicente y las Granadinas. El gobierno de San Vicente y las Granadinas está encabezado por Ralph Gonsalves, el operador más activo del castrochavismo dentro de la comunidad de países del Caribe. Al concluir el año 2020 finalizaría el lapso de dos años para la representación dominicana mientras que San Vicente y las Granadinas aún permanecería hasta el 31DIC21.

La elección de los miembros no permanentes del Consejo de Seguridad estaba prevista para el 17JUN20 aunque sujeta a eventuales cambios por el impacto de la pandemia. No habría la usual sesión plenaria para la elección de los cinco nuevos miembros no permanentes. El proceso de votación se realizaría mediante el depósito de la boleta electoral de cada país por uno de sus representantes quienes ingresarían a la sala de votación en pequeños grupos, siguiendo un estricto horario que impidiera la concentración de personas. Mediante ese mecanismo que respondía a las medidas de protección ante el COVD-19, se elegiría al reemplazo de República Dominicana que sería México al presentar su postulación sin contrincante.

Canadá, por su parte, estaba pugnando por entrar al Consejo de Seguridad y se enfrentaba a Irlanda y Noruega por los dos asientos que en ese momento ocupaban Alemania y Bélgica.

Desde entonces era posible suponer que la presencia de México en el Consejo Permanente, muy seguramente, ampliaría la imposibilidad de alcanzar acuerdos sobre Venezuela en ese organismo.

*****

La representación de EEUU en la ONU solicitó la realización de una sesión del Consejo de Seguridad para tratar la situación en Venezuela la cual deberá realizarse a mediados de junio vía teleconferencia.

La crisis venezolana progresivamente se tornaba tema recurrente en el Consejo de Seguridad desde que la entonces representante de EEUU, Nikki Haley, impulsara el 17MAY17 una sesión de carácter informativa sobre Venezuela. Aquella sesión fue rechazada por Rusia y China alegando que la situación venezolana no ameritaba ser incluida en la agenda del Consejo.

Ese mismo año, el 13NOV17, tuvo lugar una sesión del Consejo de Seguridad, mediante la fórmula Arria, en la cual se debatió sobre la situación venezolana. El 10SEP18 la embajadora Haley, en calidad de presidente del Consejo, convocó a una sesión sobre la crisis migratoria venezolana. A lo largo del año 2019 el mismo organismo realizó varias sesiones para conocer la situación humanitaria venezolana. En todas las sesiones quedó patente la posición de Rusia y China, como miembros permanentes del Consejo de Seguridad, de impedir la aprobación de cualquier resolución en contra del régimen chavista.

En la primera mitad del año 2020 el "tema Venezuela" había sido abordado en tres ocasiones por el Consejo de Seguridad, ahora con Rusia interesada en utilizar activamente el organismo como plataforma propagandística en favor de su socio chavista. El "tema Venezuela" se ha convertido en parte de las municiones rusas en su confrontación con EEUU, por ello Rusia ya no intentaba bloquear que el Consejo de Seguridad atendiera la situación venezolana. El representante ruso introdujo el tema Venezuela en la sección de "otros asuntos" de la sesión del 22ABR20. Ese día Rusia quería denunciar una supuesta decisión de EEUU para desplegar barcos de guerra "cerca de las costas de Venezuela".

El 28ABR20, por solicitud de Bélgica, Estonia, Francia y Alemania, tuvo lugar una sesión privada en videoconferencia sobre la situación humanitaria en Venezuela.

Posteriormente, a solicitud de Rusia fue convocada una sesión sobre Venezuela, cumplida como teleconferencia pública el 20MAY20. En esa ocasión Rusia asumió la vocería del régimen chavista en el organismo presentando una carta en la cual Nicolás Maduro acusaba a "grupos armados de mercenarios y terroristas organizados, entrenados, financiados y protegidos por los Gobierno de Colombia y Estados Unidos" que habrían realizado el 03MAY20 "una incursión armada en las costas venezolanas" denominada "Operación Gedeón". Rusia y el representante de

Maduro en la ONU, Samuel Moncada, de esa manera abrieron fuego no sólo contra EEUU y la oposición venezolana encabezada por Juan Guaidó, sino que apuntaron contra el gobierno de Iván Duque. Subiendo la apuesta, Rusia hizo suya la expresión "actos de guerra" para señalar a Colombia. El representante ruso intentó la aprobación de una "nota de prensa" la cual finalmente no llegó a ser considerada por el Consejo.

Mediante la Fórmula Arria que permite la participación de personalidades no representantes de gobiernos miembros, el Consejo de Seguridad nuevamente trataría sobre la crisis venezolana, según se comentaba en la ONU comenzando el mes. La reunión que comenzaba a planearse para tener lugar a finales de junio sería de carácter informativa pública en la cual los aliados de Juan Guaidó expondrían las dimensiones de la crisis venezolana en medio de la emergencia mundial por la pandemia. La sesión finalmente no se realizó, desinflada la iniciativa por las urgencias que en cada país provocaba el COVID-19 y por una creciente sensación de falta de iniciativas internas e internacionales a favor de la redemocratización de Venezuela. No parecía viable que en el Consejo de Seguridad se produjera algún debate o acuerdo sobre Venezuela.

33. LA VERSION DE JOHN BOLTON

La aparición del libro de John Bolton estaba previsto para el 23JUN20. Con creciente tensión entre Bolton y la Casa Blanca, el borrador fue revisado y podado por funcionarios federales encargados de impedir la difusión de material que pudiera violar la seguridad nacional de EEUU. El 17JUN20, en medio de nuevos intentos judiciales de la Casa Blanca para impedir la publicación del libro, comenzaron a circular ejemplares y a aparecer segmentos en portales de New York Times, Washington Post, Wall Street Journal y en medios de Tv. "The Room Where It Happened" suma 592 páginas de las cuales 38 contienen el capítulo "Venezuela Libre" al cual tuvo acceso el Informe Otálvora antes de la llegada del libro a las librerías.

*****

Aún desde antes de la salida de Bolton de su cargo el 10SEP19, Trump insistió en privado y públicamente acusándolo de ser el promotor de una línea guerrerista. En un largo reportaje del 16MAY19 de The New York Times, el periodista Mark Landler coloca en la boca de Trump la expresión: "Si fuera por John estaríamos en cuatro guerras ahora". El 29ENE20, desde su cuenta de Twitter cuando ya era un hecho que Bolton publicaría sus memorias, Trump confirmó esa versión al tuitear: "si lo hubiera escuchado estaríamos ahora en la Sexta Guerra Mundial".

En específico sobre Venezuela Trump asomó a la prensa la opción militar el 11AGO17 y la discutió en New York con mandatarios latinoamericanos el 18SEP17, meses antes del ingreso de Bolton al gobierno. Después, el 11SEP19, cuando se produce la salida de Bolton, Trump afirmó ante la prensa que "yo estaba en desacuerdo con John Bolton en sus actitudes sobre Venezuela. Creo que se pasó bastante de la raya". Esa afirmación de Trump sugería un "ablandamiento" de su gobierno ante el régimen chavista que fue rápidamente desmentido por el senador por la Florida Marco Rubio. El senador Rubio tras conversar con Trump el 12SEP19 tuiteó: "Es cierto que [Trump] no estaba de acuerdo con algunos de los puntos de vista del asesor anterior [Bolton], Pero como me recordó es en realidad el OPUESTO DIRECTO de lo que muchos afirman o asumen. La dirección de los cambios de política no será para hacerla más débil". Trump retuiteó a Rubio agregando un comentario: "De hecho, mis puntos de vista sobre Venezuela, y especialmente Cuba, fueron mucho más fuertes que los de John Bolton. ¡Me estaba reteniendo!". Bolton confirma esta versión alegando la "inevitable oposición" del Congreso de EEUU a una operación sobre Venezuela.

Bolton, tenido como un halcón militarista, habría insistido ante Trump en la ruta de trabajar con los oponentes de Maduro, respaldar el plan para declarar a Juan Guaidó como Presidente Encargado una vez finalizara el mandato de Maduro en enero del 2019 y profundizar en las sanciones contra el régimen. En su libro Bolton narra escenas en las cuales Trump habría reflejado dudas sobre la capacidad del "kid" Guaidó para enfrentar al "fuerte" Maduro, pero igualmente muestra a Trump, en otras escenas, entusiasmado por el impacto que "the Venezuela thing" tenía en la pauta de los medios y ordenando apurar las sanciones contra el régimen chavista a las cuales parte del alto gobierno estadounidense se negaban.

******

Según Bolton, aparte del interés en una opción militar, periódicamente Trump se mostraba inclinado a procurar un encuentro con Maduro "para resolver todos nuestros problemas". Esa opción habría sido desaconsejada tanto por el secretario de Estado Mike Pompeo como por Bolton. El libro hace referencia a las gestiones de Rudy Giuliani, el exalcalde de Nueva York devenido en abogado y consejero privado de Trump, quien se habría valido de su especial acceso a la Oficina Oval para introducir la solicitud del senador Bob Corker y del congresista Pete Sessions favoreciendo un encuentro Trump-Maduro. Corker y Sessions, ambos del Partido Republicano, viajaron a Caracas en 2018 para sostener encuentros con Maduro. La mención de Bolton a Giuliani no era la primera sobre gestiones del abogado de Trump a favor de jerarcas y empresarios chavistas.

La posibilidad de conversar con Maduro, según Bolton, fue mencionada por Trump a Iván Duque. El presidente colombiano visitó la Casa Blanca el 13FEB19 poco antes de la frustrada operación de ingreso de ayuda humanitaria a Venezuela desde Colombia promovida por Guaidó.

******

Aparte de las contradicciones a nivel presidencial, Bolton reseña serias diferencias en el alto gobierno de EEUU en cuanto al proceder ante el régimen chavista.

El Secretario del Tesoro Steven Mnuchin, según Bolton, se oponía a la imposición de sanciones petroleras alegando que ponían en peligro los activos de las petroleras estadounidenses en Venezuela que podrían ser expropiados por Maduro. Mnuchin igualmente se habría opuesto a imponer sanciones contra el sistema financiero del régimen chavista argumentando que impactaría en las operaciones de Visa y Master Card en Venezuela. La tesis de Mnuchin era preservar esos activos para "el día siguiente", es decir, para luego de la caída de Maduro. "Steven está más preocupado por los efectos secundarios sobre empresas de EEUU que por la misión" habría dicho el secretario de Comercio

Wilbur Ross a Bolton. Igualmente Mnuchin se habría mostrado reacio a retirar de la lista de personas sancionadas por EEUU a "ciertos individuos" que estaban colaborando con la oposición venezolana. Eso frenaba una de las herramientas que Pompeo y Bolton habían diseñado para premiar ("desancionar") a aquellos funcionarios que pasaran de bando a favor de Guaidó. Mnuchin exigió que el Departamento de Estado fuera el responsable de esas medidas.

En ese momento igualmente se estaba produciendo dentro del Departamento de Estado lo que Bolton califica como una "abierta revuelta" que buscaba "subvertir" la política contra el chavismo. La sombra del gobierno Obama se hacía sentir. La entonces subsecretaria de estado para Asuntos del Hemisferio Occidental Kimberly Breier se posicionó en contra de la imposición de sanciones petroleras porque ello pondría en peligro al personal de EEUU en Venezuela. Bolton en esa parte del libro se pregunta sobre las conexiones de la burocracia del Departamento de Estado con la fuerte presencia izquierdista latinoamericana en Washington. A la larga, el temor a que en Caracas se repitiera un violento ataque contra la sede diplomática como el ocurrido en Libia en 2012, llevaría a que Pompeo cerrara la misión en Venezuela, medida que a juicio de Bolton reducía la capacidad de acción en el terreno.

*****

El polémico libro de Bolton, aparte de los ataques al Presidente en año electoral y obvias exageraciones, no poco vedetismo y evidentes omisiones, proporciona una visión "desde adentro" de la dinámica del gobierno Trump en cuanto la generación de sus políticas.

El Secretario de Estado Pompeo emitió la noche del 18JUN20 una nota en la cual afirmó que: "No he leído el libro, pero de los extractos que he visto publicados, John Bolton está difundiendo una serie de mentiras, medias verdades completamente falsas y falsedades absolutas. Es triste y peligroso que el papel público final de John Bolton sea el de un traidor que dañó a EEUU al violar su sagrada confianza con su gente. Para nuestros amigos de todo el mundo: ustedes saben que la América del presidente Trump es una fuerza para el bien en el mundo".

34. ELECCIONES ESTILO CHAVISMO

El 12JUN20 el Tribunal Supremo de Justicia de Venezuela, bajo control de Maduro, emitió una sentencia mediante la cual decidió reemplazar las autoridades del Consejo Nacional Electoral CNE designando nuevos integrantes.

En su sentencia, la "Sala Constitucional" del TSJ alegaba que la Asamblea Nacional, órgano que según la Constitución debe designar a los rectores electorales, estaba en condición de "desacato" y sus decisiones serían nulas. Para el TSJ cualquier designación de un nuevo CNE por esa Asamblea presidida por Juan Guaidó carecería "de validez, eficacia y existencia jurídica". Todo un galimatías con ropaje jurídico con el propósito de proceder a designar un grupo de militantes y aliados del chavismo como nuevos árbitros electorales. El primer trabajo de ese CNE sería convocar a elecciones parlamentarias que teóricamente pusieran fin a la Asamblea Nacional electa en 2015 y controlada por sectores democráticos venezolanos.

Los días 15 y 16JUN20 la "Sala Constitucional" del Tribunal Supremo emitió tres sentencias mediante las cuales decidió "suspender" a las directivas nacionales de los partidos de oposición AD y Primero Justicia, entregando esos partidos a figuras vinculadas con el chavismo. Igualmente procedió a encomendar a la Sala de Casación Penal un proceso para declarar "organización terrorista" al partido Voluntad Popular donde militan Juan Guaidó y Leopoldo López. El régimen chavista con esas medidas redondeaba su propósito escogiendo autoridades electorales e ilegalizando en la práctica a los principales partidos de la oposición.

****

El gobierno de EEUU reaccionó oficialmente el 15JUN20 mediante una declaración del secretario Pompeo: "Las elecciones libres son el camino para salir de la profunda crisis política de Venezuela. Desafortunadamente la Corte Suprema controlada por el régimen de Maduro continuó manipulando la Constitución venezolana al nombrar ilegalmente un nuevo Consejo Nacional Electoral alineado con el régimen". Agregó el comunicado que "el régimen ha seleccionado un CNE que sellará sus decisiones e ignorará las condiciones requeridas para las elecciones libres" y en esas circunstancias "las elecciones que representan la voluntad del pueblo son imposibles".

******

El Alto Representante Josep Borrell emitió el 16JUN20 una Declaración en nombre de la Unión Europea: "El 12 de junio, la Corte Suprema de Venezuela nombró a los rectores de la CNE. El 15 de junio, el mismo tribunal suspendió la actual junta directiva de "Acción Democrática" (AD), uno de los principales partidos de oposición y miembro del grupo de oposición G4, y nombró una junta ad-hoc. Estas decisiones reducen al mínimo el espacio democrático en el país y crean obstáculos adicionales para la resolución de la profunda crisis política en Venezuela". Tras la denuncia, Borrel nuevamente hizo un "llamamiento al Gobierno y la oposición para que entablen negociaciones significativas e inclusivas hacia la constitución del CNE y el levantamiento de las prohibiciones a los partidos de la oposición. Todos los actores nacionales deberían volver a la mesa de negociación, en interés de todos los venezolanos".

*****

El Grupo Internacional de Contacto, la instancia creada por la Unión Europea en 2019, reaccionó el 16JUN20 ante los acontecimientos en Caracas mediante una declaración suscrita por los gobiernos de Alemania, Costa Rica, Ecuador, España, Francia, Italia, Países Bajos, Panamá, Portugal, Reino Unido, Suecia y Uruguay. El GIC "lamenta la forma por la cual se procedió a la renovación del CNE de Venezuela por parte del Tribunal Supremo de Justicia sin participación de la Asamblea Nacional en la elección de sus miembros, en contra por tanto de lo previsto en la Constitución venezolana". A juicio de los firmantes "esta acción por parte del régimen" socava la credibilidad tanto del CNE como del próximo proceso electoral" y "reduce aún más las garantías necesarias para la realización de un proceso electoral justo y transparente que posibilite un retorno a la vigencia plena de las instituciones democráticas en Venezuela". En mensaje directo a los jerarcas chavistas, exhortó "a quienes detentan el poder en Venezuela a abstenerse de tomar medidas que tornen inviable dicha solución democrática". Reiterando el mensaje de la Unión Europea de ese mismo día, el GIC llamó "a todas las partes a retomar a la mayor brevedad negociaciones sustantivas e inclusivas".

Según el ministro de Exteriores uruguayo, Ernesto Talvi, la declaración del GIC se habría producido por iniciativa del gobierno de Uruguay.

*****

A su vez, la tarde del 16JUN20 circuló un comunicado del Grupo de Lima suscrito por Bolivia, Brasil, Canadá, Chile, Colombia, Costa Rica, Guatemala, Honduras, Panamá, Paraguay, Perú, Santa Lucía y el representante de Juan Guaidó. Los gobiernos de

Guyana y Argentina se abstuvieron de firmar el comunicado. El gobierno argentino desde la llegada de Alberto Fernández a la Presidencia el 10DIC19 se había mantenido nominalmente en el Grupo de Lima pero negándose a suscribir los pronunciamientos.

La crisis del COVID-19, entre otros motivos, causó un congelamiento de las actividades del Grupo de Lima perdiendo la regularidad mostrada desde su fundación el 08AGO17. La más cercana reunión del Grupo se había congregado el 20FEB20 en Canadá y su más reciente comunicado estaba fechado el 02ABR20. Las medidas electorales del régimen chavista sirvieron para reactivar al Grupo de Lima cuyos integrantes "rechazan y desconocen la ilegal designación de los miembros del Consejo Nacional Electoral de Venezuela (...) que vulnera abiertamente la Constitución venezolana y socava las garantías mínimas necesarias para cualquier proceso electoral y el retorno de la democracia en Venezuela".

Como ya ocurrió con las "elecciones" realizadas el 20MAY18 en las cuales no participó la oposición y Maduro se declaró triunfador, las elecciones parlamentarias de finales del año 2020 en Venezuela no serían reconocidas por buena parte de los países del vecindario latinoamericano ni por Europa.

35. EEUU QUIERE PRESIDIR EL BID

El equipo que desde la Casa Blanca de Trump hacía seguimiento y operaba en los casos de Cuba, Venezuela y Nicaragua sufriría un pronto cambio. El Departamento del Tesoro de EEUU hizo pública el 16JUN20 la intención de presentar la candidatura de Mauricio Claver Carone a la Presidencia del Banco Interamericano de Desarrollo, la cual debería decidirse en la Asamblea anual de gobernadores convocada para tener lugar en Barranquilla, Colombia, la primera quincena de septiembre.

Claver Carone había estado trabajando en la Casa Blanca desde el 01SEP18 como Asistente Especial del Presidente y como Director para el Hemisferio Occidental del Consejo de Seguridad Nacional. Desde esas posiciones fue uno de los responsables en la definición e implementación de la línea dura y unificada hacia los regímenes de Cuba, Venezuela y Nicaragua.

*****

El BID estaba dirigido por el colombiano Luis Alberto Moreno quien el 01OCT20 completaría su tercer mandato quinquenal. La candidatura de Claver Carone marcaba la primera ocasión en la cual EEUU procuraba el cargo que desde la creación del Banco había estado en manos de latinoamericanos siguiendo un pacto no escrito que reservaba la vicepresidencia a un estadounidense.

Desde mediados del 2019 en diversas cancillerías del Continente sacaban cuentas sobre votos para las candidaturas probables estimando que Argentina, México y Brasil aspiraban a dirigir el BID. Mauricio Macri primero y Alberto Fernández después, así como Jair Bolsonaro, planeaban presentar candidatos. El gobierno argentino estaba promoviendo al Secretario de Asuntos Estratégicos Gustavo Béliz quien ya contaba con el voto de México. Entre una media docena de potenciales candidaturas uno de los nombres, que más sonaba a nivel regional era el de la expresidenta de Costa Rica Laura Chinchilla.

En Brasilia, en tanto, evaluaban que EEUU no apoyaría una candidatura del gobierno kirchnerista argentino lo cual creaba espacio para postular una opción brasileña. Desde el encuentro entre Donald Trump y Bolsonaro en la Florida, el 07MAR20, circulaban versiones sobre distintos candidatos brasileños. En medios políticos brasilienses corrió la versión según la cual el gobierno Bolsonaro, en la voz del ministro de Economía Paulo Guedes, habría presentado al secretario del Tesoro de EEUU Steven Mnuchin la candidatura brasileña para el BID. El nombre ofrecido por Brasil fue el del banquero Rodrigo Xavier, pero Mnuchin se limitó a tomar nota de la propuesta. Dada las especiales relaciones entre los gobiernos de Trump y Bolsonaro, Mnuchin habría realizado una llamada a su colega Guedes para transmitirle, antes del anuncio público, que EEUU presentaba su propia candidatura y que aspiraba al voto brasileño.

El 16JUN20 las cancillerías de Ecuador y Paraguay emitieron comunicados anunciando su apoyo a la candidatura de EEUU. Al día siguiente lo hicieron los gobiernos de Brasil, Colombia, El Salvador y Uruguay. El 21JUN20 el gobierno provisional de Bolivia anunció su respaldo. Todos ellos junto al seguro voto del representante de Guaidó y el porcentaje de EEUU representan más del 50% de los votos. La escogencia de Claver Carone lucía ya como un hecho.

*****

El 18JUN20, cinco expresidentes latinoamericanos emitieron un comunicado expresando "profunda preocupación y desacuerdo" con la intención del gobierno Trump sobre el BID. Fernando Henrique Cardoso de Brasil, Ricardo Lagos de Chile, Julio María Sanguinetti de Uruguay, Juan Manuel Santos de Colombia y Ernesto Zedillo de México fueron los suscriptores del pronunciamiento. "Esta no es sólo una cuestión de alternancia protocolar, Es un quiebre con obvias derivaciones políticas" sostienen los firmantes quienes "respetuosamente" exhortan a los otros socios del BID "a oponerse a la acción del gobierno de EEUU".

Desde la acera de la izquierda, el Grupo de Puebla igualmente publicó un pronunciamiento en el cual expresaba "no solo nuestra preocupación, sino también nuestro profundo desacuerdo con esta propuesta". El comunicado del GP iba firmado, entre otros, por José Rodríguez Zapatero y por los expresidentes Lula da Silva, Dilma Rousseff, Rafael Correa, Ernesto Samper. El subsecretario para América Latina y el Caribe de la cancillería de México, Maximiliano Reyes Zuñiga, esta vez no suscribió el texto del GP.

36. EUROPA INCREMENTA SANCIONES

La Unión Europea mantenía puentes de contacto con Juan Guaidó y Nicolás Maduro.

El Asesor Especial de la UE para Venezuela, el uruguayo-español Enrique Iglesias, participó el 24JUN20 en la telereunión sostenida por el denominado Grupo Internacional de Contacto el mecanismo creado en 2019 por la UE para concertar acciones internacionales sobre Venezuela. A la teleconferencia se conectaron representantes de alto nivel de la propia Unión Europea y de siete de sus miembros: Alemania, España Francia, Italia, Países Bajos, Portugal y Suecia), Reino Unido, Bolivia, Costa Rica, Ecuador, Panamá y Uruguay. El propósito de esa reunión fue reactivar el Grupo de Contacto que ya el 16JUN20 se había movilizado para emitir un comunicado rechazado la designación de autoridades electorales por parte del Tribunal Supremo de Justicia de Venezuela "en contra de lo previsto en la Constitución venezolana".

Por cierto, el Reino Unido tras su salida de la UE el 31ENE20 optó por permanecer en el Grupo de Contacto. El gobierno del primer ministro Boris Johnson reconoce a Guaidó como Presidente interino lo que sirvió de base a la decisión tomada el 02JUL20 por un juez del Tribunal Superior de Inglaterra y Gales para desconocer a Maduro como cabeza del Estado venezolano, Esa sentencia abrió puertas legales para que funcionarios designados por Guaidó solicitaran tomar control de reservas de oro depositadas en el Banco de Inglaterra.

*****

Ante el Grupo de Contacto, Enrique Iglesias presentó el 24JUN20 un informe de sus recientes gestiones sobre Venezuela. Consultada para el Informe Otálvora, la portavoz de la Unión Europea Virginie Battu-Henriksson dejó saber que Iglesias "ha mantenido contactos con actores políticos de las diferentes partes, varios líderes de la oposición y miembros del gobierno de Maduro, así como representantes de la sociedad civil". Los contactos se habían concretado en los últimos meses, mediante enlaces vía internet en razón de las restricciones de viaje por la pandemia del COVID-19 la cual impidió parte de una gira de Iglesias que debió llevarlo a La Habana, Buenos Aires, Ciudad de México, Washington y Caracas. Antes de la declaración de la pandemia, Iglesias fue a Buenos Aires y sostuvo el 27FEB20 un encuentro con el canciller argentino Felipe Solá para discutir sobre la situación venezolana.

******

Juan Guaidó había atendido directamente a Iglesias en conversaciones vía web, mientras los contactos con el régimen chavista se habrían realizado con su canciller Jorge Arreaza. Iglesias, a su vez, mantenía también contacto con varias ONG que operan en Venezuela. Si bien la UE promovía "negociaciones significativas y conclusivas" entre Guaidó y Maduro, en las conversaciones con Iglesias de mediados del año 2020, no se habría mencionado la posibilidad de promover un "diálogo político". Por parte del enviado europeo se habría utilizado el término crear "mecanismos de entendimiento" entre las partes. Como consecuencia de la crisis por la pandemia, las conversaciones de Guaidó con Iglesias derivaron hacia el asunto de la ayuda humanitaria internacional lo que, según fuentes cercanas a estas gestiones, facilitaron el acuerdo del 01JUN20 entre Guaidó y Maduro para la recepción de material médico por intermedio de la Organización Panamericana de la Salud OPS.

*****

Desde su llegada al cargo de Alto representante de la UE el 01DIC19, Josep Borrell asomó la necesidad de rediseñar la estrategia europea hacia Venezuela. Borrell habría ofrecido una nueva "hoja de ruta" ante la situación en Venezuela dado que las perspectivas de cambio político se estaba diluyendo. La frustrada gira de Iglesias habría sido una iniciativa en función de esa nueva "hoja de ruta" la cual comenzando el mes de julio aún no había sido presentada según varias fuentes consultadas en Caracas.

El régimen chavista rechazó las propuestas promovidas por EEUU, el Grupo de Lima y buena parte de la Unión Europea para la realización de elecciones generales con plenas garantías electorales. En contraste, el régimen optó por designar una ilegal junta directiva de la Asamblea Nacional presidida por el diputado Luis Parra que fue reconocida el 26MAY20 por el Tribunal Supremo de Justicia controlado por Maduro. Luego, ese mismo Tribunal Supremo de Justicia designó el 12JUN20 un nuevo directorio del Consejo Nacional Electoral y en los siguientes días ilegalizó en la práctica a varios partidos de oposición mediante la destitución de sus juntas directivas. Las nuevas autoridades electorales rápidamente decidieron la convocatoria sólo a elecciones parlamentarias así como una reforma de la composición de la Asamblea Nacional y de los métodos para la elección de sus miembros.

*****

En ese contexto, el Grupo Internacional de Contacto emitió el 24JUN20 un comunicado en el cual ratificaban que "una solución sostenible a la profunda crisis venezolana debe incluir elecciones legislativas y presidenciales libres, transparentes, creíbles y justas. El GIC insta al régimen a detener las acciones unilaterales y llama a ambas partes a entablar negociaciones significativas e inclusivas que puedan conducir a una salida democrática de la crisis".

El comunicado reflejaba, además, el clima existente en varias cancillerías europeas de rechazo a lo que estaba ocurriendo en Caracas. Además la diplomacia de EEUU había sistemáticamente pedido a sus socios europeos un aumento de la presión sobre el régimen chavista. El Consejo de la Unión Europea decidió aplicar sanciones a once funcionarios del régimen "debido a su papel en los actos y decisiones que socavan la democracia y el estado de derecho en Venezuela". La decisión europea ratificaba su respaldo a Guaidó como Presidente de la Asamblea Nacional y justificaba las nuevas sanciones a raíz de la designación de una junta directiva ilegal de la AN además de acciones de la "asamblea constituyente" que dejaban sin inmunidad parlamentaria a diputados.

El listado de nuevos sancionados fue publicado en el Diario Oficial de la UE el 29JUN20. Con ello se elevó a 36 el número de altos jerarcas chavistas, encabezados por Nicolás Maduro, que eran objeto de sanciones europeas que implican el congelamiento de bienes y prohibición de ingreso a territorio comunitario. El nuevo listado incluyó al propio diputado Luis Parra y demás miembros de la ilegal junta directiva de la Asamblea Nacional, al director de la Comisión Nacional de Telecomunicaciones encargado de la censura de medios de comunicación, a fiscales "con despacho en la Dirección General de Contrainteligencia Militar", así como miembros de la "asamblea constituyente" y del TSJ. La UE retomaba de esta manera la línea sancionatoria que Josep Borrell había relativizado a su llegada al cargo.

*****

Nicolás Maduro reaccionó la noche del 29JUN10 con usual virulencia ante la decisión europea. Durante la entrega televisada de premios a periodistas afines al régimen, Maduro anunció que expulsaba a la Jefe de la Delegación de la UE en Venezuela, embajadora Isabel Brilhante Pedrosa. Maduro incluso ofreció suministrarle transporte aéreo a la embajadora para que abandonara el país en 72 horas. En la mañana del 30JUN20, Borrell mediante un tuiteo anunció que la UE reaccionaría con "las medidas necesarias habituales de reciprocidad". Esa reciprocidad significaba el retiro del reconocimiento a la representante de Maduro ante la UE, Claudia Salerno Caldera, pero además el endurecimiento de la posición europea. L   a sorpresa europea ante la expulsión de su embajadora hizo que el gobierno de Eslovaquia anunciara su reconocimiento a Guaidó como Presidente interino, declaración a la que se había negado desde principios del 2019.

Quedaba en evidencia una de esas situaciones extrañas provocadas por la existencia de dos gobiernos paralelos en Venezuela. La mayoría de los países de la UE reconocen a Juan Guaidó como Presidente de la República interino pero toleraban la presencia de diplomáticos designados por Maduro. La falta de acuerdo dentro de la UE hacía que esa comunidad reconociera a Guaidó como Presidente de la Asamblea Nacional y no como Presidente de la República, por lo cual la UE aceptaba a la representante de Maduro.

*****

Tras su tuiteo, Borrel emitió un comunicado mediante el cual la UE condenó "firmemente esta decisión y lamenta profundamente el mayor aislamiento internacional que provocará. Pedimos que se anule esta decisión". Borrell, quien es el jefe del servicio exterior europeo, pedía que se dejara sin efecto la expulsión de la funcionaria bajo su responsabilidad pero igualmente ratificaba la posición de la UE afirmando que la salida a la "profunda crisis política y socioeconómica que atraviesa actualmente Venezuela" (...) "debe basarse en unas elecciones dignas de crédito, en el reconocimiento y el respeto de la función e independencia de todas las instituciones elegidas democráticamente, en particular la Asamblea Nacional, en la liberación de todos los presos políticos y en la defensa de los derechos humanos y de las libertades fundamentales".

Con extrañeza, los jefes del aparato diplomático europea observaban que la orden de expulsión ordenada por Maduro la noche del 29JUN20 no se había concretado en una comunicación oficial de la cancillería a la UE. La mañana del 02JUL20 el vocero de la UE Peter Stano dijo, durante una rueda de prensa vía web, que hasta ese momento el gobierno Maduro no había notificado formalmente la expulsión de su embajadora en Caracas. En medios diplomáticos en Caracas corría la versión según la cual algunos socios internos y externos de Maduro lo habían aconsejado para que diera marcha atrás en su afrenta a la UE.

En tanto, el canciller del régimen chavista, Jorge Arreaza, procuró una conversación telefónica con Borrell en la cual le informó que Maduro dejaba sin efecto la expulsión. La tarde del 02JUL20 la cancillería de Maduro y el Servicio Exterior de la UE emitieron un comunicado simultáneo y conjunto para anunciar que "el Gobierno venezolano decidió rescindir la decisión según la cual la embajadora Isabel Brilhante Pedrosa, fue declarada persona non grata". Curiosamente la versión publicada por la cancillería chavista llevaba fecha del 01JUL20. El propio Arreaza confesó, en declaraciones al canal de propaganda Telesur, que las sanciones de la UE continuarían.

37. NAVES DE GUERRA CERCA DE VENEZUELA

Rusia difundió la falsa versión según la cual una nave de guerra de EEUU navegó cerca de Venezuela portando armamento nuclear.

La segunda "operación de libertad de navegación" realizada en menos de un mes por EEUU en aguas frente a Venezuela, fue ejecutada el 15JUL20 por el destructor USS Pinckney operando como parte de la Cuarta Flota de EEUU bajo órdenes del Comando Sur. Si bien las operaciones de "libertad de navegación" han sido realizadas por la Armada de EEUU frente a las costas venezolanas desde el año 2000, las misiones del año 2020 se cumplían bajo lo que oficialmente el Comando Sur denomina "la operación mejorada de narcóticos del Presidente Trump", como parte de la planeada ampliación de la capacidad bélica en el hemisferio occidental y en sincronía con la presión política sobre el régimen chavista.

*****

Previamente el 23JUN20, el destructor USS Nitze análogo al USS Pinckney, ambos destructores clase Arleigh Burke, había cumplido una misión similar. La acción consistía en navegar a una distancia superior a las doce millas, poco más de veintidós kilómetros con respecto a la costa, área que ya no es mar territorial venezolano y por lo tanto se consideran aguas internacionales a los efectos de la navegación. En ambos casos el Comando Sur procedió a publicitar la misión en simultáneo a su ejecución justificándola como respuesta al "excesivo reclamo marítimo de Venezuela en aguas internacionales".

Según un comunicado emitido el 16JUL20 por la cancillería del gobierno Maduro, el USS Pinckney navegó a 16,1 millas náuticas, poco menos de treinta kilómetros de la costa venezolana en aguas ya situadas en lo que se denomina "zona contigua" de soberanía restringida pero que ya no es considerado como "mar territorial". Sobre el exacto recorrido de la embarcación ninguna de las partes se pronunció. En el usual estilo de los comunicados de la cancillería chavista de inspiración habanera, el ministro Jorge Arreaza aseguró que la presencia ostensiva del destructor estadounidense había sido "de manera furtiva" y la calificó como "un inexcusable acto de provocación errático e infantil".

El gobierno ruso, por intermedio de su agencia de noticias Sputnik, difundió un cable que supuestamente copiaba el comunicado del Comando Sur: "Hoy, el barco destructor USS Pinckney [DDG 91] de la clase Arleigh Burke, armado con misiles nucleares, desafió el excesivo reclamo de Venezuela en aguas internacionales". El comunicado emitido por el Comando Sur no hacía referencia a dotación de armamento nuclear a bordo del USS Pinkney. La delicada referencia a misiles nucleares en la nota rusa no fue patentemente un error de transcripción o de traducción. Venezuela es uno de los temas de tensión entre Moscú y Washington y el aparato de propaganda ruso suele direccionar ataques contra la política de EEUU hacia Venezuela.

El 15JUL20, durante una entrevista con The Hill, el secretario de Estado de EEUU Mike Pompeo fue interrogado sobre usuales conversaciones con sus contrapartes rusos. Pompeo afirmó que en esas conversaciones además de posibles áreas de interés común, suele tocar aquellos temas "en los que no estamos de acuerdo" y que "socavan intereses importantes de seguridad nacional de EEUU" ejemplificando con "la participación de Rusia" en Venezuela y en Siria.

*****

El 10JUL20, Donald Trump realizó una rápida visita al estado de Florida para visitar el Comando Sur, presidir un evento de opositores de Venezuela, Cuba y Nicaragua y, asistir a un evento de recaudación de fondos electorales.

En el cuartel general del Comando Sur, en Doral, Miami, Trump sostuvo un encuentro con altos oficiales acompañado de su Asesor de Seguridad Nacional Robert O'Brien, el secretario de Defensa Mark Esper, el zar antidrogas Jim Carroll, el secretario interino de Seguridad Nacional Chad Wolf y el congresista Mario Díaz-Balart entre otros altos funcionarios. El objeto de la sesión que fue difundida públicamente, era conocer los resultados de la operación antinarcóticos ordenada el 01ABR20 por Trump en las áreas de responsabilidad del Comando Sur en el Caribe y el Pacífico.

En una intervención solicitada por Trump, el Asesor de Seguridad Nacional fue el encargado de conectar los temas "narcotráfico" y Venezuela: "Los traficantes usan sus fondos con fines nefastos, entre ellos para financiar el régimen de Nicolás Maduro, el régimen ilegítimo en Venezuela (…) durante años, Venezuela ha inundado a los EEUU con cocaína. Envenena nuestras comunidades y alimenta una peligrosa epidemia de adicción que amenaza la seguridad de todos los estadounidenses". Luego se escucharía la presentación del almirante Faller, comandante del Comando Sur sobre los resultados de las operaciones.

*****

Durante su explicación a Trump, el almirante Faller presentó a dos miembros de su comando, procedentes de las fuerzas militares de Colombia y Brasil. Se trataba del general de brigada del Ejército colombiano Juan Carlos Correa Consuegra quien formaba parte del alto mando del Comando Sur como Director de la Dirección J7 "Ejercicios y Asuntos de la Coalición". "El presidente Duque nos ha enviado lo mejor de sí y ha pagado por ello. Así que viene aquí totalmente pagado por Colombia y trabaja para mí. Y es un reconocimiento de que Colombia estuvo con nosotros en la Guerra de Corea y está con nosotros hoy" dijo Faller.

El segundo en ser presentado fue el mayor general de la Fuerza Aérea de Brasil David Almeida Alconforado quien era el segundo en la Dirección J5 de "Estrategia, Políticas y Planes" del Comando Sur. "Una vez más, brasileños, pagando para que viniera aquí y trabajara para mí para hacer una diferencia en seguridad. Brasil ha estado con nosotros desde la Segunda Guerra Mundial y nuestra relación se está haciendo aún más fuerte" explicaba Faller a Trump.

Por cierto, en la línea de mando del Ejército del Sur, dependiente del Comando Sur, se situaba otro brasileño: el general de brigada del Ejército de Brasil Alcides Valeriano de Faria Júnior, quien desde el año 2019 ocupó la posición de Subcomandante general del Ejército Sur de EEUU.

38. ELECCIONES Y DERECHOS HUMANOS

La decisión del régimen chavista de renovar las autoridades electorales obviando a la Asamblea Nacional, designando a chavistas y socios políticos, fue objeto de análisis en la reunión del Consejo de Asuntos Exteriores de la Unión Europea celebrado el 13JUL20. El Alto representante para Asuntos Exteriores y Política de Seguridad Josep Borrell presentó las conclusiones de la reunión.

La nota publicada por el Servicio Exterior de la UE (SEUE), dando cuenta de las declaraciones de Borrell, anunciaba que el Alto representante había propuesto la realización de una "reunión ministerial del Grupo Internacional de Crisis", lo que parecía una extraño giro por tratarse ese de un ente privado. El Informe Otálvora consultó con el SEUE sobre tan curiosa propuesta y recibió el 14JUL20 como respuesta: "es un error. El texto tendría que ser "international contact group". Lo vamos a cambiar pronto", como en efecto ocurrió.

En definitiva, los ministros de Exteriores europeos, según notificó Borrell, decidieron "enviar un fuerte mensaje al régimen de Maduro sobre su última decisión" en relación al tema electoral. Borrel se disponía a "convocar una reunión ministerial del Grupo Internacional de Contacto, junto con otros actores clave, para analizar las condiciones en las que se celebrarán las próximas elecciones parlamentarias".

Las autoridades electorales designadas por el Tribunal Supremo de Justicia controlado por Maduro, tras asumir funciones el 15JUN20, procedieron rápidamente a modificar la legislación electoral sobre los métodos de elección y la composición de la Asamblea Nacional, así como a convocar elecciones parlamentarias para el 06DIC20. Además, el TSJ mediante tres sentencias expropió a los tres principales partidos opositores (AD, Primero Justicia y Voluntad Popular) reemplazando las direcciones legítimas y designado incluso a militantes chavistas para dirigir esos partidos. Ya en julio era posible predecir que los resultados de ese proceso electoral serían muy probablemente desconocidos por una mayoría importante de gobiernos de América y Europa.

****

El 27SEP19 el Consejo de Derechos Humanos de la ONU, un órgano formado por 47 gobiernos de entre los miembros de la organización, aprobó por primera vez una completa resolución sobre "la alarmante situación de los derechos humanos" en Venezuela. Se trató de una gruesa derrota al chavismo en un foro que solía serle benévolo y hasta solidario. La resolución 42/25, como se le denomina, fue aprobada con 19 votos a favor y sólo siete gobiernos, entre ellos Cuba y China, que se pronunciaron en contra. El silencio de 21 de los miembros del Consejo abrió paso a la aprobación de la resolución 42/25.

Mediante esa resolución el Consejo solicitó a la Alta Comisionada de DDHH Michelle Bachelet, la elaboración de una serie de informe periódicos sobre la situación en Venezuela. Para el período 44 de sesiones del Consejo programado para junio-julio de 2020, Bachelet debía presentar un reporte con especial acento en "la independencia del sistema judicial y el acceso a la justicia, también para obtener reparación por las violaciones de los derechos económicos y sociales, y a la situación de los derechos humanos en la región del Arco Minero del Orinoco" en referencia a la zona de explotación minera promovida por el régimen chavista en la Orinoquía y Amazonía venezolanas.

Ese Informe fue presentado durante la sesión del Consejo celebrada el 15JUL20 en Ginebra. Tras narrar numerosos casos de violaciones de DDHH, concluye que "las víctimas de violaciones de los derechos humanos se ven confrontadas a barreras jurídicas, políticas y socioeconómicas para acceder a la justicia; las mujeres, en particular, enfrentan retos específicos por motivos de género". El reporte incorpora veintiuna recomendaciones al gobierno de Venezuela, entre ellas conducir "investigaciones prontas, exhaustivas, independientes, imparciales y transparentes sobre las alegaciones de violaciones a los derechos humanos, incluyendo la privación de la vida, la desaparición forzada, la tortura, la violencia sexual y la violencia de género en las que se involucran elementos de las fuerzas de seguridad...".

******

Durante la sesión del 15JUL20 se produjo una secuencia de cincuenta intervenciones de representantes de gobiernos y de ONG reconocidas por el Consejo. El exembajador venezolano Diego Arria fue uno de los expositores de la jornada promoviendo la iniciativa de expulsar a Maduro del Consejo. De entre los países que tomaron la palabra, el régimen chavista recibió el apoyo sólo de Rusia, Cuba, Corea del Norte, Eritrea, China, Bielorrusia, Irán, Siria, Nicaragua, Birmania, Laos y Camboya. En apoyo al informe de Bachelet sobre la violación de DDHH en Venezuela se pronunciaron Perú en dos intervenciones la primera a nombre de once países miembros del Grupo de Lima, la Unión Europea, Alemania, Francia, Ecuador, Austria, Portugal, España, Luxemburgo, Brasil, Colombia, Croacia, República Checa, Dinamarca, Países Bajos, Austria, Eslovenia, Uruguay, Suiza, Georgia, Albania, Polonia, Reino Unido y sorprendentemente Argentina.

En su intervención en nombre de Bolivia, Brasil, Canadá, Chile, Colombia, Costa Rica, Guatemala, Honduras, Panamá, Paraguay y Perú, la embajadora peruana Silvia Elena Alfaro Espinosa afirmó que "reiteramos nuestro rechazo a las recientes decisión del TSJ sobre el Consejo Nacional Electoral usurpando las facultades de la Asamblea Nacional, nombrando una autoridad electoral que no ofrece las garantías debidas para un proceso electoral democrático tanto como las decisiones contra los principales partidos políticos opositores".

*****

Quizá la intervención que causó mayor impacto fue la del embajador Federico Villegas, representante del gobierno de Argentina, quien comenzó anunciando que su gobierno comparte la "intervención conjunta pronunciada por Perú por la profunda preocupación por la situación de los derechos humanos en Venezuela y por la grave crisis política, económica y humanitaria que padece ese país". Argentina, desde la llegada del izquierdista Alberto Fernández a la Presidencia el 10DIC19, se mantuvo en el Grupo de Lima sólo nominalmente, pero ahora Villegas se adhería al pronunciamiento presentado por Perú en nombre del grupo. Villegas afirmó que "nuestra región está llamada a incrementar los esfuerzos para encontrar una salida pacífica, política y negociada a esta grave crisis multidimensional, liderada por los propios venezolanos a través de elecciones inclusivas, transparentes y creíbles". El enviado argentino "haciendo eco de un reciente llamado de la Alta Comisionada" pidió una "negociación política inclusiva, basada en los derechos humanos y en la restitución de los derechos políticos". Si bien Villegas también criticó las sanciones impuestas por diversos países al régimen chavista, su presentación levantó polvo en Buenos Aires por lo que fue entendido inicialmente como un extraño distanciamiento con Maduro.

******

Víctor Hugo Morales, comentarista político y narrador de futbol uruguayo que opera desde Buenos Aires, empleado del gobierno chavista por intermedio del canal de propaganda Telesur, abrió fuego el 16JUL20 contra Alberto Fernández por la posición de su Embajador en la ONU. Morales, en su programa radial, acusó a Fernández de estar "de rodillas no sólo frente a los EEUU, sino de rodillas ante Trump". En medios políticos bonaerenses se interpretó este ataque como un nuevo capítulo de la serie de choques públicos que comenzaban a sentirse entre el kirchnerismo y Fernández, los cuales la vicepresidenta Cristina Kirchner parecía estimular.

Fernández solicitó intervenir en el programa de Morales para responder a los señalamientos. "La Argentina hizo el planteo que siempre hace. Hubo un informe muy crítico de Michelle Bachelet planteando las violaciones a los Derechos Humanos en Venezuela. Y la Argentina ratificó su posición de preservar los Derechos Humanos en cualquier ámbito y cualquier gobierno" afirmó Fernández. Resaltó que su gobierno reconoce a Maduro y relativizó la postura de su Embajador alegando que las elecciones que Argentina reclama para Venezuela son sólo las legislativas y no pide reemplazar a Maduro.

"Yo no hablo con la oposición de Venezuela" dijo Fernández quien confesó haber pedido a EEUU poner fin a las sanciones contra el régimen chavista. Todo indicaba que el franco apoyo de la diplomacia argentina al informe Bachelet sobre violaciones de DDHH en Venezuela obligó a Alberto Fernández a dar explicaciones a sus enfurecidos aliados kirchneristas quienes a pesar de ello le seguían atacando. Por su parte, el presidente de la Cámara de Diputados y aliado de Fernández, Sergio Massa, declaró el 16JUL20 tras conocer el informe de Bachelet que "sin duda en Venezuela hay una dictadura que no respeta los Derechos Humanos"...

39. VENEZUELA EN LAS ELECCIONES DE EEUU

La campaña electoral en EEUU debió ajustarse a los tiempos de la pandemia que se vivían. A finales de julio, cuando la disputa ya estaba centrada entre la reelección de Donald Trump o el regreso de los demócratas con Joe Biden, el asunto de la política exterior a partir de enero del 201 comenzaba a ser objeto de atención.

La política de EEUU hacia Venezuela y Cuba tendría un cambio de orientación de producirse el triunfo de Joe Biden en las elecciones previstas para el 03NOV20, parecía ser una conclusión inevitable. La nueva plataforma del Partido Demócrata debería ser aprobada durante la convención prevista para la segunda quincena de agosto, pero ya el borrador circulaba desde mediados del mes de julio.

La plataforma demócrata del año 2016 dedicaba a Venezuela una única frase en la cual ofrecía "empujar al gobierno a respetar los derechos humanos y responder a la voluntad de su pueblo". El texto del año 2020 contenía un largo párrafo sobre Venezuela el cual critica la línea seguida por Trump, proponía cambios de orientación de política exterior y hacía una oferta migratoria para los venezolanos que se han desplazado a territorio de EEUU.

******

"Rechazaremos la fallida política venezolana del presidente Trump, que sólo ha servido para afianzar el régimen dictatorial de Nicolás Maduro y exacerbar una crisis humanitaria y de derechos humanos", dice la oferta demócrata del año 202 en cuanto a Venezuela. Adelantaba que un gobierno demócrata "movilizará a los socios" regionales "y en todo el mundo" para atender las "necesidades urgentes de Venezuela" y ejercer "una presión inteligente y una diplomacia efectiva" rechazando "amenazas bélicas no atadas a objetivos políticos realistas" y "motivadas por objetivos partidistas" internos de EEUU. Igualmente ofrecía regularizar la situación migratoria de venezolanos en EEUU mediante la aprobación de un estatus de protección temporal (TPS). El texto calificó como "dictatorial" al régimen chavista, censuró las orientaciones de Trump hacia Venezuela pero sin rechazar o confirmar la línea de cambio de régimen promovida por Trump. En un párrafo referido a Irán, el documento demócrata dice que EEUU "no debe imponer un cambio de régimen a otros países y lo rechazan como objetivo de la política estadounidense hacia Irán". Pero no había una precisión expresa sobre Venezuela.

La plataforma demócrata claramente se distanciaba de la política del gobierno Trump de unificar sus acciones hacia los regímenes de Cuba, Venezuela y Nicaragua. La oferta demócrata anunciaba que se moverán "rápidamente para revertir las políticas" de Trump hacia Cuba a la cual acusan de haber "socavado los intereses nacionales de EEUU" y "dañar al pueblo cubano y a sus familias en EEUU", en referencia a autorizaciones de viajes a Cuba y envío de remesa. La plataforma ofrece en el caso de Cuba un obvio regreso a la política de mano blanda del gobierno de Barack Obama. Igualmente, la propuesta demócrata advierte que modificaría la política de aplicación "indebida" de "sanciones económicas y financieras" que según el texto "incentivan a las empresas extranjeras a eludir" el sistema financiero de EEUU socavando el potencial de la diplomacia estadounidense y que "amenazan el papel clave del dólar estadounidense como moneda de reserva del mundo".

*****

El 04AGO20 se produjo una sesión plena del Comité de Política Exterior del Senado de EEUU, bajo el título de "Venezuela en manos de Maduro: evaluación del deterioro de la seguridad y la situación humanitaria". Para la ocasión fueron citados el Enviado Especial para Venezuela del Departamento de Estado Elliott Abrams y el responsable de la USAID para América Latina y el Caribe Joshua Hodges.

Durante el evento el senador Chris Murphy, demócrata por el estado de Connecticut, realizó una larga intervención en la cual resumió la posición que ha venido expresando durante el último año en relación a la política de Trump hacia Venezuela. Murphy, quien comenzó su carrera de legislador en 2007 como representante a la Cámara y ejerce como senador desde 2013, ha orientado su actividad parlamentaria especialmente hacia temas de política exterior. Pese a su condición de "senador junior", su nombre ya aparecía entre posibles candidatos a encabezar el Departamento de Estado en caso de producirse una victoria de su partido y, en todo caso, parece llamado a ser un influyente operador y opinador sobre las posiciones demócratas en asuntos exteriores desde el Senado. Según medios de prensa, Murphy habría intervenido en la definición de la plataforma demócrata en lo tocante a política exterior y los términos utilizados sobre Venezuela son similares a los que el senador ha expresado durante el último año. En la redacción de la plataforma demócrata igualmente habrían intervenido miembros del equipo de trabajo del izquierdista Bernie Sanders.

*****

En un artículo publicado en The Washington Post el 29ENE19, cuando en Venezuela asomaba la opción de Juan Guaidó al frente de un gobierno provisional, el senador Murphy y el asesor adjunto de Seguridad Nacional del gobierno Obama Ben Rhodes, escribieron que "ya no debería haber ningún debate sobre la falta de legitimidad democrática de Maduro". Llamando a aportar el apoyo demócrata, Murphy y Rodes alegaron que "la administración Trump tiene razón al poner la restauración de la democracia venezolana en el centro de nuestro enfoque de esta crisis. El retorno a una democracia estable interesa al pueblo venezolano, a EEUU y al hemisferio" y valoraron que Trump estuviera actuando "en concierto" con otros países de la región. Pero los autores calificaron como un "riesgo" que EEUU diera "reconocimiento público de un presidente alternativo que no dirige el país" lo que sería uno más de los "pronunciamientos audaces de política exterior de la administración Trump (...) que no están respaldados por planes de implementación realistas" y aseguraban que "no hay una opción militar creíble de los EEUU para invadir Venezuela, y sería peligroso y desestabilizador hacerlo".

Según Murphy y Rodes en su artículo de principios de 2019, "si las fuerzas armadas continúan respaldando a Maduro" el apoyo a un gobierno de transición "puede parecer irresponsable, al tiempo que le ofrece a Maduro la oportunidad de reunir a sus partidarios nacionales y extranjeros contra la intervención de EEUU". La línea propuesta por los articulistas era que EEUU trabajara "con socios internacionales para apoyar las negociaciones con todas las facciones de Venezuela en busca de un gobierno de transición que pueda celebrar nuevas elecciones. Además de ser liderado por una coalición de países de ideas afines, ese esfuerzo deberá incluir el diálogo con países como Cuba y China que tienen influencia en Caracas". En tanto, EEUU debería "seguir endureciendo las sanciones contra Maduro" y trabajar "en foros que esta administración ha abandonado, el Consejo de Derechos Humanos de la ONU y la Corte Penal Internacional, para aislar aún más a Maduro y abrir nuevas vías para la rendición de cuentas".

*****

El 20NOV19, la cadena Univisión público en sus portales un nuevo artículo de Murphy sobre Venezuela donde afirmó que "el presidente Trump claramente espera que sus sanciones petroleras derroquen la dictadura de Maduro pero no hay señales de que esta estrategia esté teniendo éxito, al igual que las sanciones no derrocaron a Castro, Putin o Jomeini". Las sanciones según Murphy "pueden estar consolidando aún más el control de Maduro en el poder" mientras "Maduro y sus aliados se burlan de la retórica dura de EEUU". Pero Trump "no tiene que renunciar a las sanciones para que sean efectivas; todo lo que necesita es crear una válvula de alivio para abordar la crisis alimentaria de Venezuela" para lo cual Murphy proponía un "programa de intercambio de ayuda internacional, donde los ingresos de las ventas de petróleo podrían usarse para comprar alimentos, medicamentos". El senador demócrata igualmente resaltaba que "los negociadores de Guaidó están abiertos a un alivio gradual de las sanciones a cambio de otras concesiones políticas importantes" como el llamado a elecciones, refiriéndose a las negociaciones que se habían producido un año antes bajo el auspicio de Noruega y que fueron finalizadas el 07AGO19.

*****

En su intervención del 04AGO20 en el Comité de Asuntos Exteriores, Murphy se quejó porque EEUU "socavó" esas negociaciones y pocos meses después el Departamento de Estado presentó "un marco de transición que casi es una copia a carbón de la que presentaron los partidos políticos el año pasado". En los días de dura campaña electoral, Murphy decidió confrontar a Trump sobre el tema Venezuela y lo acusó de haber "empoderado a un dictador brutal". "El juego ganador estaba justo delante de nosotros: reunir a toda América Latina detrás de una transición o nuevas elecciones libres, y trabajar con o neutralizar a los patronos de Maduro (Rusia, Cuba, y en menor medida China)" pero Trump no lo hizo según el senador demócrata.

El "tema Venezuela" formó parte de la agenda electoral del año 2020 en los EEUU. No cabía duda. Desde la Casa Blanca y los comités de apoyo a Donald Trump se difundían las acusaciones contra las tendencias socialistas o comunistas dentro del Partido Demócrata a la cuales se habría entregado el candidato Joe Biden.

A temas recurrentes en la confrontación partidista como los impuestos, o nuevos temas como la reducción de los presupuestos para los cuerpos policiales, o la legalización de migrantes, en la campaña electoral del año 2020 se había incorporado el tema entre capitalismo y comunismo éste último ejemplificado con Venezuela. Pese a que propuestas como la del senador Murphy estaban orientadas hacia un cambio de régimen en Venezuela, la cercanía de otros sectores del Partido Demócrata con los regímenes castrochavistas había encendido alarmas sobre una posible orientación de la política exterior de EEUU en manos demócratas. Además, los resultados electorales en el estado de Florida parecían resultar vitales para definir el ganador de las elecciones del 03NOV20 y, en consecuencia, la procura de los votos de estadounidenses de origen cubano y los crecientes focos de venezolanos era una clara estrategia electoral. Imponer la imagen de un candidato demócrata rendido a los mandados del ala radical izquierdista de su partido fue uno de los esquema de propaganda utilizados por los seguidores de Trump.

40. EJERCICIOS MILITARES EN LA AMAZONIA

Brasil realizó una movilización sin precedentes de tropas y sistemas de lanzamiento de cohetes hacia la frontera amazónica con Venezuela.

Entre el 04 y el 23SEP20 el Ejército brasileño se dispuso ejecutar la "Operação Amazônia" en el estado Amazonas bajo la coordinación del Comando Militar de la Amazonía con base en Manaos.

El ejercicio para el cual habíann estado entrenando y calificando tropas de diversas regiones del país, consistiría en acciones orientadas a la "defensa externa en el ambiente operacional amazónico".

*****

El 12AGO20 llegó a Belem do Pará por vía terrestre, procedente del estado central de Goiás, un convoy de vehículos transportando componentes del sistema Astros 2020 de lanzamiento de cohetes. En el puerto de la capital de Pará los equipos fueron embarcados para su traslado a Manaos por vía fluvial. El convoy incluía lanzadores, vehículos de control de tiro y de apoyo logístico. El Astros es un sistema de cohetería de lanzamiento múltiple construido en Brasil, con capacidad de alcanzar blancos terrestres hasta 300 kilómetros de distancia, veterano en guerras en el Medio Oriente y considerado un rival del sistema ruso BM-30 Smerch operado por militares venezolanos.

Para la "Operação Amazônia" estaba siendo movilizado personal desde diversas unidades de otras regiones militares. Varias centenas de soldados serían aportados por la Brigada de Infantería de Selva basada en Marabá, Pará.

41. EEUU OFRECE HOJA DE RUTA

Durante el mes de julio, el Departamento de Estado de EEUU circuló entre gobiernos considerados como aliados un documento que sirviera para reactivar la atención internacional sobre la crisis venezolana.

El escenario venezolano, visto en agosto del año 2020, estaba marcado por el final en enero del 2021 del mandato de la Asamblea Nacional electa en 2015 y presidida por Juan Guaidó desde 2019. La condición de Presidente de la Asamblea Nacional había servido como sustento a la Presidencia provisional de Guaidó. Además estaba en el horizonte la amañada convocatoria hecha por el régimen chavista para votaciones legislativas el 06DIC20, la decisión de los más importantes partidos opositores de abstenerse de participar en la convocatoria electoral, la dispersión de la oposición en cuanto a un acuerdo táctico y programático y, la coincidencia de opinión de EEUU, la Unión Europea y buena parte de los países latinoamericanos sobre falta de condiciones para una elecciones libres y democráticas en Venezuela. Las elecciones presidenciales del 03NOV20 en EEUU, además, se sumaban como un elemento de incertidumbre para el proceso político venezolano cada vez más influido por las tensiones internacionales.

*****

La propuesta del Departamento de Estado de EEUU con una ruta para Venezuela fue sometida a consideración de los aliados políticos estadounidenses. El 14AGO20 fue difundido el texto respaldado por los gobiernos de Albania, Australia, Austria, Bahamas, Bolivia, Brasil, Canadá, Chile, Colombia, Costa Rica, EEUU, Ecuador, El Salvador, Estonia, Georgia, Guatemala, Haití, Honduras, Hungría, Israel, Kosovo, Letonia, Lituania, Panamá, Paraguay, Perú, Reino Unido, República Dominicana, República de Corea, Santa Lucia y Ucrania. Según una fuente del Departamento de Estado consultada para este Informe, en los siguientes días habrían recibido comunicaciones de Marruecos y Guyana sumándose a la lista de gobiernos suscriptores del pronunciamiento.

Los firmantes hicieron un llamado "a todos los venezolanos, de todas las tendencias ideológicas y afiliaciones partidarias, ya sean civiles o militares" (...) "para participar urgentemente en apoyo de un proceso formado e impulsado por los venezolanos para establecer un gobierno de transición inclusivo que llevará al país a elecciones presidenciales libres y justas". El texto, si bien no rechaza explícitamente las votaciones convocadas por el régimen, afirmaba que "las elecciones a la Asamblea Nacional por sí solas no presentan una solución política y, en cambio, pueden polarizar aún más una sociedad ya dividida". El documento, sin mencionarlo, promueve negociaciones entre el régimen chavista y la oposición democrática al afirmar que "las discusiones y los avances logrados en las conversaciones dirigidas por Noruega en Barbados también deberían informar el camino a seguir". Además, el documento señala "la voluntad de todos los países que mantienen sanciones económicas de discutir el alivio de las sanciones en el contexto del progreso político". Reducir las sanciones a cambio de avances políticos era la oferta. Esos avances fueron definidos como "una transición rápida y pacífica a la democracia" que "es la ruta más eficaz y sostenible hacia la estabilidad, la recuperación y la prosperidad en Venezuela" según los firmantes quienes reiteraron su respaldo a la propuesta de Juan Guaidó para establecer un gobierno de transición. En procura de un amplio apoyo internacional, el texto del Departamento de Estado fue intencionalmente genérico.

*****

En paralelo a la declaración internacional sobre Venezuela, el 14AGO20 circularon pronunciamientos de EEUU y del Grupo de Lima.

Según el Departamento de Estado de EEUU "esta declaración conjunta demuestra que no estamos solos en nuestra determinación de fortalecer el apoyo a un gobierno de transición en Venezuela y el fin de la dictadura de Maduro" a la cual acusó de "destruir sistemáticamente la capacidad de Venezuela para realizar elecciones libres" ya que "los estándares internacionales para elecciones libres y justas ni siquiera están cerca de cumplirse".

El Grupo de Lima, inactivo durante meses, sostuvo ese día una reunión vía Internet de la cual emanó un pronunciamiento acogido por los representantes de Bolivia, Brasil, Canadá, Chile, Colombia, Costa Rica, Guatemala, Honduras, Panamá, Paraguay, Perú y del venezolano Julio Borges actuando como enviado del gobierno Guaidó. Como es usual el representante de Guyana se abstuvo de firmar la declaración por representar un reconocimiento a Guaidó como jefe del Ejecutivo venezolano. Argentina, por su parte, cuyo canciller no participó delegando la representación en el secretario de Relaciones Exteriores Pablo Tettamanti, emitiría un comunicado confrontando al propio Grupo de Lima.

El comunicado del Grupo de Lima del 14AGO20 reafirmó su respaldo al "Presidente Encargado Juan Guaidó" y "rechazo al anuncio del régimen ilegítimo de celebrar elecciones parlamentarias sin las garantías mínimas y sin la participación de todas las fuerzas políticas".

*****

El gobierno de Argentina encabezado por Alberto Fernández asumió la representación de la izquierda continental intentando neutralizar desde adentro los esquemas de apoyo internacional a la oposición democrática venezolana. Fernández dispuso que su cancillería representara y defendiera al régimen chavista en diversas instancias internacionales. Fernández es miembro fundador del "Grupo de Puebla", la organización creada alrededor de líderes políticos y celebridades de la izquierda iberoamericana en procura de recuperar espacios en el Continente.

*****

El 10AGO20, el Servicio Exterior de la Unión Europea informó que la cancillería argentina se sumaba al denominado Grupo Internacional de Contacto sobre Venezuela, impulsado por la Unión Europea, alegando que sería "otro paso más hacia la búsqueda de soluciones pacíficas y democráticas a la crisis que viven los venezolanos".

El GIC estaba ahora formado por Alemania, Argentina, Bolivia, Costa Rica, Ecuador, España, la Unión Europea, Francia, Italia, Países Bajos, Panamá, Portugal, Suecia, Reino Unido y Uruguay. Antes del ingreso de Argentina, el GIC se había pronunciado rechazando la designación de autoridades electorales afines al régimen chavista.

Además de sumarse al GIC, Fernández y su canciller Felipe Solá optaron por no retirarse del Grupo de Lima pese a las divergencias existentes. En un comunicado emitido inmediatamente luego de la reunión del Grupo de Lima del 14AGO20, el gobierno argentino dijo "que no comparte la decisión de la franja de partidos políticos que expresaron su voluntad de no participar en las elecciones parlamentarias de diciembre próximo". De esta manera Argentina se convirtió en el único gobierno suramericano que "apoya la realización de las próximas elecciones parlamentarias de diciembre", aunque "con el criterio de que sean libres, justas e imparciales y con participación de todos los partidos y movimientos políticos". El comunicado argentino contiene un párrafo de alto cinismo en el cual asegura que "entiende el rechazo de amplios sectores de la oposición, acompañados por una parte de los países del Grupo de Lima, respecto de una serie de medidas que acompañaron el proceso de convocatoria y preparación de la próxima elección parlamentaria, en alusión a la designación de los directivos del Consejo Nacional Electoral, las autoridades de algunos partidos políticos y la inhabilitación de cambios en el número de diputados y las circunscripciones electorales".

Si bien el largo listado de la Cancillería argentina demuestra la falta de condiciones para la celebración de elecciones en Venezuela, el comunicado "subraya una vez más la importancia de la participación de todos los sectores en las próximas elecciones". Todo indica que el gobierno argentino se disponía a ser parte de un grupo de gobiernos que convalidarían las votaciones convocadas por el régimen en Venezuela.

*****

Nicolás Maduro, mediante una carta suscrita por su canciller Jorge Arreaza, habría ofrecido posponer las elecciones convocadas por el régimen para el 06DIC20 a cambio del envío de una delegación europea en condición de "acompañamiento internacional".

La versión se desprende de la declaración suscrita por el Alto Representante de la Unión Europea, Josep Borrell, difundida el 11AGO20. Borrell, quien se mantiene directamente y mediante emisarios en contacto con diversos sectores políticos venezolanos informó que en sus contactos sugirió "la posibilidad de ampliar los plazos electorales para dar respuesta a los requerimientos de la oposición. En respuesta he recibido una carta del Ministro de Asuntos Exteriores en la que me informa de un acuerdo en ese sentido con parte de la oposición. Es un paso en la buena dirección, pero insuficiente para que la Unión pueda estar en disposición de desplegar una misión de observación electoral".

La "oposición" a la cual hace referencia la carta de Arreaza sería en realidad partidos aliados con el régimen o los partidos opositores cuyas siglas fueron entregadas por el régimen a socios políticos.

El contenido de la carta fue distribuido por Borrell entre los miembros de la Unión Europea y de los gobiernos que integran el Grupo Internacional de Contacto. Borrell develó que "la Unión Europea recibió una invitación del gobierno de Nicolás Maduro para desplegar una misión de "acompañamiento electoral". Borrell adelanto que se trata de "un concepto que, como señalé a los interlocutores del gobierno, es ajeno a la práctica de la Unión. La Unión Europea necesita, para desplegar una misión de observación electoral, unas condiciones y garantías mínimas de credibilidad, transparencia e inclusividad, y la capacidad de observar sin interferencias con acceso completo a todo el proceso electoral". Tres días después, en una reunión digital del Consejo de Ministros de Exteriores de la UE, Borrell informó de sus gestiones sobre Venezuela. Tras un debate sobre el tema, los ministros en general estuvieron de acuerdo con que la UE podría desplegar una "Misión de Observación Electoral" en Venezuela pero no enviar una "misión de acompañamiento" como la solicitada por Maduro. En todo caso el envío de observadores electorales requeriría "condiciones mínimas de credibilidad, transparencia e inclusión, y la capacidad de observar el proceso electoral sin interferencias" lo cual según informó Borrel son condiciones que no estaban presentes en Venezuela.

*****

El respaldo de Guyana al comunicado promovido por EEUU sobre Venezuela difundido el 14AGO20, reflejó un giro en la posición de ese país luego del cambio de gobierno del 02AGO20.

Cinco meses después de realizarse las elecciones parlamentarias en Guyana, el 02AGO20 las autoridades electorales emitieron los resultados que marcaron el triunfo del opositor Irfaan Ali del Partido Progresista del Pueblo derrotando al presidente David Granger candidateado por la coalición APNU/ AFC. Tras una inusual convergencia de presión internacional desde Washington, Londres y La Habana, Granger finalmente permitió que fueran oficializados los conteos de votos que habían sido supervisados por enviados de la Comunidad del Caribe con el respaldo de la OEA y la Unión Europea. EEUU ya había iniciado la imposición de sanciones a altos funcionarios guyaneses por impedir la proclamación de Ali, pese a una campaña de lobby en Washington pagada por Granger para convencer al gobierno Trump sobre la tendencia procubana de su rival.

Pocas horas después de difundirse los resultados, Irfaan Ali juró el cargo y el acto de inicio del gobierno se realizó el 08AGO20 con la presencia del vecino mandatario de Surinam, Chan Santokhi, quien asumió el cargo el 16JUL20. En Guyana y Suriname, dos potenciales grandes productores de petróleo, se han establecido gobiernos que se muestran amistosos con EEUU. De hecho, el 04AGO20 el nuevo gobierno guyanés anunció su respaldo a la candidatura del estadounidense Mauricio Claver-Carone a la Presidencia del Banco Interamericano de Desarrollo y el 19AGO20 firmó junto a otros 16 países una declaración rechazando posponer la elección en el BID.

El hecho que Guyana se sumara al comunicado sobre Venezuela promovido por EEUU marcó un cambio de la posición guyanesa ante la crisis venezolana. Guyana participa en el Grupo de Lima pero no firma declaraciones que signifiquen un reconocimiento al gobierno transitorio de Juan Guaidó, alegando que existe un proceso judicial entre los dos países y Guyana no debe pronun-

ciarse sobre quien ejerce la representación del Estado venezolano.

42. TURQUIA EN EL JUEGO

El 01SEP20 durante una rueda de prensa en Ankara junto a su colega de Argelia Sabri Boukadoum, el canciller turco recibió una pregunta a propósito de Venezuela. Muy probablemente se trató de una típica maniobra de "sembrar preguntas" entre los periodistas, porque el tema venezolano no estaba notoriamente en la agenda del día de los cancilleres de Turquía y Argelia, especialmente cuando la crisis en Libia y las amenazas de enfrentamiento bélico turco-griegas tensionaban el Mediterráneo. El ministro turco Mevlüt Çavusoglu dedicó más de seis minutos, de menos de media hora que duró la rueda de prensa, para referirse al tema venezolano. Obviamente el gobierno turco pretendía ese día demostrar que estaba muy activo en Venezuela como un mensaje retador a EEUU en una acción mediática coordinada con el régimen chavista. El gobierno de Recep Erdogan es un aliado y socio del régimen chavista al cual apoya incluso en esquemas para evadir las sanciones impuestas por EEUU.

*****

Pocas horas antes, el 31AGO20, el régimen chavista había anunciado la emisión de un decreto mediante el cual otorgaba "indulto presidencial" a 110 "ciudadanos y ciudadanas". Entre los supuestamente "indultados" se encontraban decenas de diputados opositores, opositores presos, en el exilio, procesados en libertad, personas sin vínculos políticos pero presos por órdenes del régimen. En las cárceles del régimen, tras el decreto, aún sumaban centenas de presos políticos y la lista de enjuiciados por razones políticas que permanecen en Venezuela o en el exilio equivalían a varias centenas más.

El decreto de Maduro fue una medida con intensiones propagandísticas fuera del país, como parte de su intento para lograr la convalidación por parte de la Unión Europea a las elecciones parlamentarias convocadas por autoridades electorales designadas por el régimen para el 06DIC10. Elecciones en las cuales no participaría el grueso de la oposición venezolana y cuya legitimidad y credibilidad ya era puesta en duda por decenas de gobiernos.

*****

El canciller turco en la rueda de prensa del 01SEP20 dejó saber que durante su visita a Caracas del 17-18AGO20 había sostenido conversaciones, quizás telefónicas, con varios dirigentes opositores entre los cuales se encontraba el excandidato presidencial Henrique Capriles Radonski. "Nos complace ver que se ha desarrollado un diálogo positivo entre el gobierno y la oposición en Venezuela con el impacto de las iniciativas que venimos llevando a cabo en coordinación con la UE. Esperamos que este proceso positivo se refleje en las elecciones del próximo período" alegó Çavusoglu quien insinuó que los "indultos" en Venezuela eran producto de sus gestiones. Turquía igualmente dejó saber que estaba en contacto con la UE para tratar los deseos de Maduro y de la "oposición" para contar con observación electoral europea. De esta manera se hizo público el rol de Turquía como parte de múltiples gestiones internacionales sobre Venezuela.

Las palabras del canciller turco desde Ankara impactaron rápidamente en Caracas dejando en evidencia una nueva fractura dentro de la oposición. Capriles Radonski, miembro fundador de Primero Justicia, rompía con la línea de su partido y anunciaba su participación en las votaciones convocadas por el chavismo. Por su parte, el "gobierno interino" encabezado por Juan Guaidó emitió un comunicado informando su "absoluto desconocimiento a las negociaciones inconsultas realizadas a título personal entre el régimen de Nicolás Maduro y los dirigentes Henrique Capriles y Stalin González". Guaidó y la alianza política que lo respaldaba "reafirmó" su "decisión de no participar en el fraude y luchar por las condiciones electorales necesarias que fueron aprobadas por la Asamblea Nacional". Los anuncios de Çavusoglu sirvieron como catalizadores para una nueva ruptura en la oposición venezolana.

*****

Según el canciller turco sus gestiones en Caracas habían sido coordinadas con el Alto Representante de la Unión Europea Joseph Borrell. Igualmente afirmó que había sido estimulado por la ministro de Exteriores de España, Arancha González Laya, con quien coincidió en su paso por República Dominicana el 16AGO20 para la toma de posesión de Luis Abinader.

El 03SEP20 el diario turco pro oficialista Daily Sabah publicó declaraciones de Çavusoglu en las cuales insinuó que había estado en contacto con EEUU a propósito de Venezuela. "EEUU y la Unión Europea tenían propuestas separadas. Cuando fueron compartidas con nosotros, recomendamos amigablemente que sería correcto satisfacer también las demandas de la oposición", habría dicho Çavusoglu.

La poca probable versión de un diálogo entre Turquía y EEUU sobre gestiones en Venezuela ganó aparente verosimilitud dado que el funcionario turco había sostenido un encuentro con el secretario de Estado Mike Pompeo el 16AGO20 en República Dominica. Borrell, González Laya y Pompeo nunca confirmaron la versión turca. En el caso de Borrell, él mismo ha dejado saber que mantiene contactos tanto con el gobierno Maduro como con el gobierno Guaidó, así como con otros sectores de la oposición. Esos contactos han sido directos y por medio de enlaces diplomáticos de diversos países europeos, entre ellos el enviado especial de la UE para Venezuela Enrique Iglesias o los enviados del gobierno de Noruega quienes visitaron Caracas a finales del mes de julio.

Las conversaciones de Capriles Radonski con el gobierno turco, a espaldas del "gobierno provisional", dejaron en evidencia además la falta de operatividad de la diplomacia del gobierno Guaidó la cual fue confiada a Julio Borges quien milita en el mismo partido que Capriles.

*****

Según comunicara Joseph Borrell el 11AGO20, la UE recibió una carta suscrita por Jorge Arreaza ofreciendo "la posibilidad de ampliar los plazos electorales para dar respuesta a los requerimientos de la oposición", lo que a juicio de Borrel "es un paso en la buena dirección, pero insuficiente para que la Unión pueda estar en disposición de desplegar una misión de observación electoral". Esta carta fue puesta por Borrell en conocimiento de diversos gobiernos incluyendo varios latinoamericanos que integran el llamado Grupo de Contacto Internacional sobre Venezuela. El 01SEP20 Arreaza remitió una segunda comunicación a Borrell simultáneamente a la enviada al Secretario General de la ONU Antonio Guterrez. En las nuevas comunicaciones el régimen chavista presentaba sus ofertas de buen comportamiento con vistas a las votaciones legislativas incluyendo "ajustes" al cronograma electoral, la no utilización de recursos públicos en la campaña proselitista y la creación de una "comisión concertada y equilibrada" para "abordar los impasses e inconvenientes que puedan surgir". Con esta oferta que supuestamente estaría basada en un "intenso proceso de diálogo" Maduro extendía una nueva invitación para que la UE y la ONU participaran como "observador y acompañante internacional". Estas ofertas no eran suficientes para que la UE organizara una misión de observación electoral para Venezuela que exigiría una a supervisión directa de todo el proceso.

Las condiciones que la oposición venezolana representada por Guaidó exigía eran otras: designación de autoridades electorales por la Asamblea Nacional, cronograma que incluya elecciones presidenciales, libertad de todos los presos políticos, observación internacional de todo el proceso electoral. Ninguna de ellas forman parte de la oferta chavista anunciada a la UE y la ONU. En general, los miembros de la UE se mostraban recelosos de autorizar el envió de sus representantes para convalidar las elecciones convocadas por el chavismo. Incluso algunos gobiernos miembros de la UE estaban evaluando la aplicación de nuevas sanciones al régimen chavista, según comentara el ministro de exteriores alemán Heiko Maas en una reunión con venezolanos asilados en Alemania.

*****

El 03SEP20 el Departamento de Estado de EEUU emitió un comunicado titulado "Acontecimientos recientes en Venezuela" donde reiteraba que "En Venezuela no existen condiciones para unas elecciones libres y justas y la liberación de varios presos políticos no cambia eso". EEUU llamaba "a todos los actores democráticos, tanto dentro como fuera de Venezuela, a continuar insistiendo en las condiciones necesarias, internacionalmente aceptadas, para unas elecciones libres y justas. Nosotros, y nuestros socios democráticos en Venezuela y la comunidad internacional, no contribuiremos a legitimar otro fraude electoral más llevado a cabo por el régimen de Maduro". El 04SEP20, reforzando esa posición, el Departamento del Tesoro de EEUU procedió a incluir en su lista de sancionados a dos de los miembros del Consejo Nacional Electoral. Los nuevos sancionados habían sido designados por el Tribunal Supremo de Justicia controlado por el chavismo y el causal de la sanción fue por su "participación en los esfuerzos de Maduro para manipular y reestructurar la Asamblea Nacional venezolana. el Consejo Nacional Electoral, movimientos que privan al pueblo venezolano de elecciones libres y justas y destruyen sus instituciones democráticas".

La posición del Departamento de Estado continuaba siendo la de apoyar a Juan Guaidó como Presidente Encargado más allá de diciembre del 2020. Incluso, el enviado especial para Venezuela del Departamento de Estado, Elliot Abrams, en declaraciones al canal colombiano NTN24 el 31AGO20, se distanció rudamente de la posición que soportaba María Corina Machado a favor de una intervención extranjera para el cambio de régimen en Venezuela. La posición de Machado la mantenía distanciada de la alianza opositora y Abrams prefirió ratificar su respaldo a la propuesta de Guaidó.

En medios cercanos a Guaidó y al Departamento de Estado se comentaba sobre el debate que existiría sobre el siguiente paso que la alianza opositora y sus aliados extranjeros deberían realizar como respuesta a las votaciones del 06DIC20. Un "acto ciudadano de participación masiva" estaba siendo definido por la alianza opositora venezolana para confirmar su rechazo al proceso electoral convocado por el chavismo.

43. DIPLOMATICOS NO GRATOS

La cancillería brasileña declaró personas no gratas a todos los funcionarios que mantenía el régimen chavista en la Embajada venezolana en Brasilia y en diversos consulados a lo largo del país.

La comunicación oficial de Itamaratry fue entregada el 04SEP20 a todos los funcionarios diplomáticos, consulares y administrativos que representan a Nicolás Maduro. Todos ellos se habían negado a abandonar Brasil pese a que desde el 02MAR20 les fuera notificado la fecha límite del 01MAY20 para abandonar el país. Ese plazo les fue recordado en una carta oficial emitida por la cancillería brasileña el 28ABR20 y dirigida a quienes calificaba como "representantes del régimen ilegítimo de Venezuela". El 17ABR20 Brasil había completado el retiro de todo su personal diplomático y consular desde Venezuela materializando la ruptura de relaciones diplomáticas entre Brasilia y el gobierno de Nicolás Maduro.

*****

El gobierno de Jair Bolsonaro reconoce a Juan Guaidó como cabeza del Ejecutivo venezolano y en consecuencia recibió las credenciales diplomáticas presentadas por María Teresa Belandria en condición de embajadora enviada por el gobierno provisional venezolano. En Brasil, en septiembre del 2020, existían funcionarios diplomáticos de Maduro y de Guaidó. El número de funcionarios del gobierno Maduro en Brasilia y en cinco consulados sumaban 34 personas según los listados del mes de abril, a las cuales se sumaban los familiares.

El partido PT, socio brasileño del chavismo, adelantó gestiones para impedir la expulsión de los funcionarios venezolanos anunciada en la carta de 28BR20, alegando que corrían riesgos en caso de viajar a Venezuela en medio de la pandemia por COVID-19. El argumento era poco creíble porque en esas mismas fechas la cancillería de Maduro organizaba viajes aéreos desde diversos países hacia Venezuela, mientras el aparato propagandístico del chavismo mostraba al país como un lugar de bajo impacto por el COVID-19. El 02MAY20 el magistrado del Supremo Tribunal Federal, Luís Roberto Barroso, actuando a solicitud del diputado petista Paulo Pimenta, dictó una medida provisional suspendiendo la expulsión. El 16MAY20, el mismo magistrado emitió un habeas corpus ordenando al gobierno de Jair Bolsonaro suspender provisionalmente la decisión de expulsión "hasta tanto dure el estado de calamidad pública y emergencia sanitaria reconocido por el Congreso Nacional" por la pandemia.

En un comunicado del 04SEP20 la cancillería brasileña sostuvo que la declaración de "persona non grata" indica que un "representante oficial extranjero ya no es bienvenido como tal" y le confiere al país que lo envió "la prerrogativa de retirarlo del país receptor pudiendo también el funcionario permanecer sin estatus diplomático o consular y sin las inmunidades y privilegios correspondientes", por lo que la medida no equivale "a la expulsión" o cualquier "otra medida de "retirada obligatoria". De esta manera Itamaraty cumplía con la orden dictada por el Supremo Tribunal Federal de no expulsar a los enviados de Maduro, pero los inhabilitaba para continuar actuando en territorio brasileño. Incluso entre el alto gobierno brasileño había causado malestar que el general Manuel Barroso, agregado militar de Maduro y no reconocido como tal por Brasil, continuara asistiendo a eventos oficiales vistiendo su uniforme.

*****

La decisión de la cancillería brasileña respecto a los "diplomáticos" de Maduro, coincidió con el inicio el 04SEP20 de las más importantes maniobras militares realizadas por Brasil en la Amazonía fronteriza con Venezuela.

Tal como adelantara el Informe Otálvora del 22AGO20, la "Operação Amazônia" que tuvo como escenario el estado Amazonas, incluyó la utilización de sistemas de cohetes Astros 2020 de fabricación brasileña. Las unidades lanzadoras, de control de tiro y de apoyo del Astros 2020 arribaron a Manaos el 03SEP20 tras ser trasladados por tierra y rio desde el Fuerte Santa Bárbara localizado en Formosa, estado de Goias en el centro del país. El recorrido que incluyó transporte terrestre desde Goias hasta Belém do Para y el posterior viaje de cinco días por el río Amazonas, acumulando aproximadamente 3.500 kilómetros, evidenció la importancia que los planificadores militares brasileños le habían asignado a este juego de guerra que se inició el 04SEP20.

Decenas de unidades de infantería, artillería e ingeniería militar estuvieron involucradas en las maniobras brasileñas que se realizaban relativamente lejos de la línea fronteriza con Venezuela pero que fueron conceptualizadas como un ejercicio "para la defensa ante un enemigo externo en un ambiente amazónico". Esa descripción no deja duda sobre el preparativo militar brasileño para la hipótesis de un ataque desde territorio venezolano.

*****

El 25AGO20, luego que en Caracas se conociera el alcance de las maniobras militares brasileñas, el ministro de exteriores del Maduro, Jorge Arreaza, concedió una entrevista a la periodista Bela Megale del diario O Globo. "Venezuela pide tregua para combatir el virus" tituló Megale su nota en la cual hizo referencia a una carta enviada por Arreaza al canciller brasileño Ernesto Araújo el 07AGO20. Arreaza se quejaba porque la cancillería de Brasil no se dio por enterada y por lo tanto no respondió la carta con la cual el gobierno Maduro supuestamente "buscaba una forma de trascender nuestras diferencias dando pasos para una nueva dinámica de relaciones bilaterales integrales" a propósito de la pandemia de COVID-19. En la misma entrevista Arreaza, mostrando el usual estilo de la cancillería chavista, dijo que el gobierno de Brasil posee características "un poco primitivas". Curiosamente Arreaza dijo que su gobierno "tiene diálogo con el gobierno Trump pero no conseguimos con Bolsonaro". La respuesta de la cancillería brasileña a Arreaza llegó el 04SEP20 mediante la anulación de las inmunidades diplomáticas a los funcionarios que Maduro se negaba a retirar de territorio brasileño.

44. EUROPA NO CONVALIDA VOTACIONES

EEUU no se proponía impedir el arribo a Venezuela de tres tanqueros de bandera iraní que estarían cruzando el Atlántico para proveer de gasolina al régimen chavista. En una rueda de prensa el 16SEP20, el emisario especial para Venezuela e Irán del Departamento de Estado de EEUU, Elliott Abrams, precisó que el objetivo inicial de EEUU era asegurarse "que nadie más que Irán participara en este comercio".

Las amenazas de aplicación de sanciones habrían logrado que China, Rusia y armadores griegos se abstuvieran de la venta o transporte de gasolina al régimen. "Así que sólo quedan buques de crudo con bandera de propiedad iraní que se dedican a ese comercio de manera limitada. Hay tres en camino y eso sólo proporcionará algunas semanas de gasolina. Si quisiera evitar el regreso del tipo de escasez que ahora es tan común en Venezuela, habría tenido que salir ayer de Irán otros tres petroleros". Abrams concluyó que Irán no tiene la capacidad para sostener un flujo continuo de tanqueros con destino a puertos venezolanos.

*****

La Unión Europea considera que la oferta hecha por el gobierno de Nicolás Maduro el 01SEP20 con algunas "condiciones" electorales, resultan insuficientes por lo que no será enviada una misión de observación electoral como la solicitada por el régimen chavista y por algunos miembros de la oposición para las votaciones del 06DIC20. Esta versión fue distribuida por Reuters el 11SEP20 adjudicada a fuentes anónimas de la UE.

Informe Otálvora consultó al Servicio Exterior de la UE y en su respuesta la vocera Nabila Massrali confirmó que el organismo recibió "una invitación de Venezuela para observar las próximas elecciones, así como una lista de garantías adicionales para la transparencia en el proceso electoral". Tal como lo ha señalado previamente Borrell, la vocera afirma que "deben cumplirse condiciones mínimas para unas elecciones creíbles, inclusivas y transparentes para el despliegue de una Misión de Observación Electoral EOM de la UE", agregó Massrali en un email, concluyendo que "hay un largo plazo para prepararse para el despliegue de una EOM. El tiempo ya es demasiado corto para eso si las elecciones se mantienen el 6 de diciembre". En definitiva, el criterio principal para negar el envío de una EOM europea a Venezuela era el de la proximidad del evento, lo cual dio fuerza a la opción de negociar con Maduro una nueva fecha para las elecciones con el objeto de continuar conversaciones con el régimen en procura de "condiciones mínimas". Esa era una línea impulsada por Borrell y por varios gobiernos europeos e internamente dentro de Venezuela por opositores como Henrique Capriles. Esa línea había tendido a fracasar en tanto la posición dominante en Europa era que el régimen no garantizaba elecciones libres.

Borrell convocó una reunión a nivel ministerial del Grupo de Contacto Internacional integrado por Bolivia, Costa Rica, Ecuador, Panamá, Francia, Italia, Alemania, Holanda, España, Portugal, Suecia y el Reino Unido además de Argentina que se sumó recientemente. Por cierto, por motivos aún no aclarados el gobierno provisional de Bolivia optó por finalizar su participación en este grupo.

La reunión vía internet del GCI se produjo el 17SEP20 y al término de la misma Borrell tuiteó un breve comentario y fue emitido un largo comunicado ministerial que pareciera reflejar plenamente la situación. Si bien el GCI no tiene mandato para decidir en nombre de la UE ni de ningún grupo de países, Borrell dejó saber que había recibido apoyo para continuar conversaciones procurando una nueva fecha de votaciones en Venezuela. La primera reacción de Maduro fue descartar la posibilidad de mudar la fecha de las votaciones convocadas por su régimen.

Por cierto, el canciller argentino Felipe Solá, actuando como vocero del castrochavismo, se estrenó en el Grupo de Contacto atacando a la oposición venezolana que se negaba a participar en las votaciones.

*****

El documento del GCI declaró que "la única solución sostenible a la crisis venezolana será (,,,) a través de elecciones legislativas y presidenciales libres, creíbles, transparentes y justas". El GCI listó las condiciones que sus integrantes consideran como necesarias, entre otras la designación de nuevas autoridades electorales, nuevo padrón electoral que incluya a venezolanos en el extranjero, "respeto del mandato constitucional de la Asamblea Nacional, devolución del control de los partidos políticos a sus administradores legítimos, cese de la inhabilitación y el enjuiciamiento de líderes políticos y pleno restablecimiento de sus derechos y de otros candidatos a la igualdad de condiciones políticas".

En otro párrafo del comunicado, el GCI expresó "su apoyo a la labor del Alto Comisionado de las Naciones Unidas para los Derechos Humanos y de la Misión Internacional Independiente de Investigación" que el 15SEP20 publicó su informe señalando a Maduro y otros altos funcionarios del régimen de delitos de violaciones de DDHH considerados como de lesa humanidad. La divulgación de este informe habría dado al traste con la intención del gobierno de España de abrir un compás de tiempo para que Borrell siguiera como intermediario entre Maduro y algunos sectores de la oposición en procura de "condiciones mínimas".

*****

La posición de EEUU sobre las gestiones "europeas" buscando una nueva fecha para las votaciones fue de rechazo bajo dos argumentos: en Venezuela deben producirse elecciones presidenciales y no sólo legislativas y, el régimen no ofrecerá las condiciones para unas elecciones libres. "Las elecciones fraudulentas no son menos fraudulentas si se celebran unos meses después", afirmó Elliot Abrams en su rueda de prensa del 16SEP20.

Sobre la ruta escogida por el opositor Henrique Capriles de inscribir candidatos a las votaciones del 06DIC20 en contravía a la posición de su propio partido y de la alianza opositora, dos voceros de EEUU se habían pronunciado. "Hay una distinción entre quienes no están de acuerdo con las tácticas y quienes tienen estrategias fundamentalmente diferentes y esperan apoyar al régimen de Maduro. Por supuesto, los individuos que mencionaste (se refería a Capriles y a María Corina Machado quien no participa en elecciones pero rechaza la línea propuesta por Guaidó) todavía están de acuerdo con la estrategia de la oposición" afirmó el 14SEP20 la subsecretaria adjunta del Departamento de Estado Carrie Filipetti, encargada simultáneamente de Venezuela y Cuba.

Al día siguiente, Abrams precisó: "a quienes han decidido participar en las elecciones a la Asamblea Nacional, nuestro mensaje es que tienen la obligación especial de exigir las condiciones necesarias (…) somos capaces de distinguir entre actores democráticos que difieren en estrategia y personas que trabajan con el régimen para socavar la democracia. No dudaremos en aplicar toda la fuerza de las sanciones estadounidenses a este último grupo…".

*****

El Consejo de Asuntos Exteriores, integrado por los ministros de exteriores de la UE, tenía prevista una reunión presencial ordinaria el 21SEP20 y el tema Venezuela no aparecía en la agenda previamente divulgada. Una fuente oficial del Consejo, consultada el 14SEP20 para este Informe, señaló que no existían "planes" para incluir a Venezuela en el temario aunque podría ser tratado en la sección de "otros temas" en caso de ser solicitado por alguno de los ministros. De esa manera parecía confirmarse que la UE no modificaría su posición ante Venezuela y mantendría la decisión de no convalidar las votaciones convocadas por el régimen.

Por cierto, la Unión Europea decidió organizar una delegación de observación electoral EOM que asistiría a las elecciones convocadas en Bolivia para el 18OCT20. El jefe de la EOM Bolivia sería Alexander Gray quien el 17SEP20 ya se encontraba en La Paz.

45. POMPEO BORDEA VENEZUELA

El 27JUL19 tras tocar en La Habana y Brasilia, Serguéi Lavrov realizó una muy inusual visita, la primera de un canciller ruso a Paramaribo, la capital de Surinam al norte de Suramérica. Convertir a Surinam en un "hub" entre Rusia y Suramérica habría sido tema de las conversaciones de ese día. Lavrov sostuvo un encuentro con Desiré Bouterse quien se mantenía en el poder por diez años con crecientes lazos con China y figurando en la lista de aliados y beneficiarios del régimen chavista. El 17SEP20 llegó a Paramaribo el secretario de Estado de EEUU, Mike Pompeo, en una visita de pocas horas para reunirse con el nuevo mandatario Chandrikapersad "Chan" Santokhi quien se impuso en las elecciones del 25MAY20 pese a los abiertos intentos de Bouterse para boicotear el conteo final de votos. La rápida presión internacional impidió que en Surinam se reprodujera la situación de su vecina Guyana donde el ahora expresidente David Granger logró retrasar por casi cinco meses la proclamación de los resultados electorales que lo declaraban perdedor. Santokhi, de ascendencia hindú y quien pronunció su juramento presidencial en sánscrito, se propone incentivar las relaciones de su país con EEUU.

*****

La noche del 17SEP20, Pompeo arribó a Georgetown donde era esperado por el nuevo mandatario, el musulmán de ascendencia hindú Mohamed Irfaan Ali. La diplomacia de EEUU en coordinación con los países del Caricom y en una poco publicitada coincidencia con la izquierda caribeña procubana, presionó duramente al exmandatario David Grager para reconocer la victoria de Irfaan Ali lo cual sólo ocurrió el 02AGO20. La presencia de Pompeo en Surinam y Guyana fue la forma de resaltar dos éxitos poco conocidos de la diplomacia estadounidense.

Pompeo y su colega guyanés Hugh Todd firmaron dos acuerdos, uno de ellos es la denominada "Iniciativa de Crecimiento en las Américas. El otro es un acuerdo de shiprider que facilitará a partir del 21SEP20 realización de operaciones marítimas y aéreas bilaterales antinarcóticos. El acuerdo crea mecanismos de aprobación rápida para sobrevuelos de EEUU sobre Guyana. Según el gobierno guyanés "las operaciones no se realizarían en aguas de Guyana a menos que el Gobierno otorgue" permiso previo. Este acuerdo es un tema particularmente sensible dado el diferendo territorial existente entre Venezuela y Guayana que involucra las áreas marítimas asociadas al territorio Esequibo.

*****

La gira de Pompeo por Suramérica fue diseñada como un recorrido alrededor de Venezuela y el "tema Venezuela" fue abordado con cada uno de los gobiernos. El 18SEP20 Pompeo arribó a Boa Vista, la capital del estado Roraima en la amazonía brasileña. Al final del día el Secretario de Estado de EEUU partió hacia Bogotá para redondear su gira.

Como ya lo había hecho el 14ABR19 en la zona fronteriza de Colombia con Venezuela, durante las horas que Pompeo permaneció en Boa Vista visitó instalaciones donde se presta ayuda a los refugiados venezolanos en el programa Operação Acolhida ejecutado por las fuerzas militares de Brasil con apoyo de EEUU. Mientras Pompeo permanecía en Boa Vista, en el vecino estado de Amazonas el ejército brasileño continuaba realizando los juegos de guerra Operação Amazônia mediante los cuales se ejercitaban bajo la hipótesis de enfrentar la invasión del ejercito de un país vecino. En algunos medios militares brasileños no habría gustado la simultaneidad de la visita de Pompeo con la ejecución de los ejercicios de guerra.

El canciller brasileño Ernesto Araújo acompañó a Pompeo durante su estadía en Boa Vista. Araújo declaró que Brasil no participaría en mediaciones entre el régimen chavista y la oposición "como si fuera un diálogo entre dos fuerzas iguales. Eso no existe en Venezuela, En Venezuela existe un lado represor y un lado reprimido". Los medios de prensa brasileños divulgaron la versión según la cual Pompeo habría afirmado que "a Maduro vamos a sacarlo de allá" ratificando que "Venezuela" estaba en la agenda del día. La frase fue origen de una agria disputa contra el gobierno Bolsonaro por parte de diversos actores de la oposición brasileña. El 24SEP20 Araujo afirmó ante la comisión de Relaciones Exteriores del Senado que la frase adjudicada a Pompeo había sido producto de una mala traducción. La versión errada había sido difundida por un parlamentario local militante del PT.

******

La llegada de Pompeo a Bogotá coincidiría con la ejecución de un nuevo ejercicio militar conjunto combinado en las aguas del Caribe colombiano. Organizado por el Comando Sur de EEUU y con epicentro en Coveñas, departamento de Sucre en la costa colombiana, el ejercicio militar Poseidon reunió desde el 18SEP20 y por una semana a personal militar, naves y aeronaves de la Fuerza Aérea y la Armada de EEUU junto a la Fuerza Aérea colombiana. Según la versión oficial, el ejercicio buscaba aumentar la "interoperabilidad" en operaciones de "interdicción, interceptación, neutralización de blancos marítimos ilícitos" e incluiyó "maniobras de reabastecimiento en vuelo y búsqueda y rescate en aguas abiertas". El ejercicio formaba parte de las acciones binacionales antinarcóticos que Colombia y EEUU realizan regularmente en aguas del Caribe y del Pacífico.

Colombia se mantiene como el principal socio militar de EEUU en la región y sus fuerzas militares se encontraban en negociaciones con sus pares estadounidenses para el aumento de la dotación de equipos militares con base en la Acquisition and Cross Servicing Agreement de la cual se beneficia Colombia como país socio de la OTAN. Durante la reunión anual de las armadas de ambos países celebrada el 02SEP20, entre el comandante de la Cuarta Flota contralmirante Don Gabrielson y el jefe de planificación naval de la Armada colombiana contralmirante José Joaquín Amezquita, se habría discutido sobre "una expansión" del suministro de activos militares navales a Colombia. A su vez, el Ejército Colombiano ya estaba en una fase adelantada de las gestiones para adquirir de segunda mano 144 vehículos blindados M1117 procedentes de los depósitos de la Policía Militar del ejército estadounidense.

*****

Por tercera vez en lo que iba del año 2020, la Armada de EEUU realizó y publicitó una misión de "libertad de navegación" en aguas aledañas al mar territorial de Venezuela.

Según informó el Comando Sur de EEUU, el destructor misilístico USS William P. Lawrence navegó el 30SEP20 en aguas frente a las costas de Venezuela a una distancia superior a las doce millas náuticas, es decir, fuera del mar territorial venezolano. Previamente los destructores misilísticos USS Nitzey y USS Pinckney realizaron el 23JUN20 y el 15JUL20 respectivamente, maniobras análogas a la efectuada en septiembre. Las tres naves, todas de la clase Arleigh Burke que pueden portar decenas de misiles incluyendo los Tomahawk, estaban adjudicadas a la Cuarta Flota de EEUU bajo el mando de Comando Sur y con área de acción en el Caribe y aguas suramericanas del Atlántico y el Pacífico. Las tres embarcaciones habían navegado a quince y dieciséis millas náuticas de las costas venezolanas. La Armada de EEUU ha realizado misiones de "libertad de navegación" frente las costas de Venezuela desde el año 2000, coincidiendo con el inicio del gobierno chavista, pero en el año 2020 se había incrementado notablemente la frecuencia y notoriedad de ese tipo de acciones.

*****

La cancillería de Nicolás Maduro, en su usual estilo propagandístico panfletario de inspiración cubana, en un comunicado del 01OCT20 calificó la presencia del USS William P. Lawrence como "un acto deliberado de provocación, por demás errático e infantil". Según el comunicado del gobierno chavista se habría producido un intercambio de comunicaciones radiales entre la nave estadounidense y la Armada venezolana en la cual la embarcación de EEUU informó que realizaba operaciones anti-narcóticos. El comunicado del Comando Sur no hace referencia a esta radiocomunicación y declara que la USS William P. Lawrence "desafió los reclamos marítimos excesivos de Venezuela en aguas internacionales".

46. PRUEBAS DE VIOLACIONES DE DERECHOS HUMANOS

El Consejo de Derechos Humanos de las Naciones Unidas inició el 14SEP20 su 45° período de sesiones, el tercer período de sesiones del año 2020. Como parte de las decisiones tomadas por el propio Consejo en el año 2019, en el 45° período de sesiones fueron presentados cuatro informes oficiales sobre la situación de los derechos humanos en Venezuela. Todos ellos evidenciaron la sistemática violación de los DDHH por parte del régimen chavista.

El Consejo de DDHH, integrado por 47 Estados, se había convertido en uno de los campos de batalla diplomática donde gobiernos que promueven la redemocratización de Venezuela se enfrentan abiertamente contra el régimen de Nicolás Maduro quien aún detentaba la representación del país en la ONU y cuenta con la protección de Rusia y China a nivel del Consejo de Seguridad.

Durante el periodo 42° de sesiones celebrado en septiembre de 2019, el régimen chavista había recibido su primera gran derrota en el contexto de la ONU. La presión internacional sobre el régimen lo llevó a aceptar la creación de un mecanismo mediante el cual la oficina de la Alta Comisionada para Derechos Humanos, la chilena Michelle Bachelet, mantendría una pequeña unidad permanente en Caracas para hacer seguimiento a las denuncias de violaciones de DDHH. La medida quedó contemplada mediante un memorando de entendimiento entre Maduro y Bachelet suscrito el 20SEP19 y que fue acogido por la resolución 42/4 que fue aprobada por el Consejo de DDHH con el beneplácito del chavismo y con el voto favorable de sólo 18 países del total de 47 de los cuales 23 se abstuvieron. De esta manera el chavismo suponía que lograba neutralizar las denuncias sobre DDHH, dosificando el acceso de los enviados de Bachelet. Para disgusto del régimen chavista, la resolución 42/4 obligaba a Bachelet a continuar presentando informes verbales y escritos sobre el cumplimiento del acuerdo con Maduro y sobre el estado de DDHH en Venezuela.

******

Dado que cualquier gobierno miembro de la ONU puede presentar proyectos de resolución, un grupo de 30 países sometieron a consideración del periodo 42° del Consejo de DDHH una segunda resolución en la cual, entre otras razones, expresaron "gran preocupación por la alarmante situación" de los DDHH y "la erosión del estado de derecho" en Venezuela.

La resolución 42/25, que marcó una gran derrota para la diplomacia chavista, fue aprobada el 26SEP19 por 19 votos a favor, 21 abstenciones y el voto en contra de Cuba, China y otros cinco gobiernos. De esta manera el Consejo ordenó la creación de una "misión internacional independiente de determinación de los hechos" con vigencia de un año y con el mandato de viajar a Venezuela para investigar expresamente "las ejecuciones extrajudiciales, las desapariciones forzadas, las detenciones arbitrarias y las torturas y otros tratos crueles, inhumanos o degradantes cometidos desde 2014 con miras a asegurar la plena rendición de cuentas de los autores y la justicia para las víctimas". Los miembros de esa misión contarían con el apoyo logístico y financiero de la Oficina encabezada por Bachelet pero serían escogidos por el Presidente del Consejo, cargo ejercido para la fecha por el senegalés Coly Seck. Los tres miembros de la "Misión Independiente Internacional" MII fueron designados el 02DIC19 liderados por la portuguesa Marta Valiñas y con el concurso del británico Paul Seils y el chileno Francisco Cox. De acuerdo al mandato recibido, el informe de esta misión debía ser entregado en septiembre de 2020. El gobierno Maduro no aceptó la resolución 42/25 del Consejo de DDHH y no permitió el ingreso a Venezuela de los miembros de la misión quienes debieron operar desde Panamá.

*****

El 14SEP20 Bachelet presentó al Consejo su informe sobre la "cooperación y la asistencia técnica" entre su oficina y el gobierno Maduro en el cual concluía que en el último año se había "fortalecido su presencia en Venezuela" ya que el gobierno había permitido algunas visitas a centros de reclusión. El gobierno chavista recibió complacido este informe oral de la Alta Comisionada y anunció que renovaría por un año el acuerdo de cooperación con la oficina de Bachelet.

El 16SEP20 el Consejo de DDHH escuchó una presentación verbal de los tres miembros de la MII, mientras en la página oficial de las Naciones Unidas eran publicados dos documentos: "Conclusiones detalladas de la Misión internacional independiente de determinación de los hechos" de 443 páginas y el "Informe de la misión" de 21 páginas. El informe de la MII concluye que "tiene motivos razonables para creer que en Venezuela se cometieron los siguientes crímenes de lesa humanidad en el período que se examina: asesinato, encarcelamiento y otras privaciones graves de la libertad física, tortura, violación y otras formas de violencia sexual, desaparición forzada de personas y otros actos inhumanos de carácter similar que causen intencionalmente grandes sufrimientos o graves daños al cuerpo o a la salud mental o física". La MII señaló responsabilidades: "La Misión tiene motivos razonables para creer que tanto el Presidente como los Ministros del Poder Popular para Relaciones Interiores, Justicia y Paz y de Defensa, ordenaron o contribuyeron a la comisión de los delitos documentados en el presente informe".

El 25SEP20 la Alta Comisionada Michelle Bachelet presentó al Consejo un segundo informe, en este caso su reporte de actualización sobre DDHH en Venezuela, cubriendo el lapso junio-septiembre. "Represión de protestas", muertes de manifestantes, muertes de 2.000 jóvenes en barrios marginados como resultado de operativos de seguridad, fueron algunos de sus señalamientos. Pero además de reseñar diversas violaciones de DDHH, Bachelet incluyó en su informe una referencia directa a la manipulación que el régimen chavista había hecho para convocar a votaciones legislativas el 06DIC20. "Me preocupan las decisiones del Tribunal Supremo de Justicia que obstruyen la libertad de selección de los representantes de siete partidos políticos y el nombramiento no consensuado de los miembros de Consejo Nacional Electoral (CNE), así como la modificación por parte de este Consejo del mecanismo de selección de representantes indígenas para la Asamblea Nacional, de los cambios al sistema electoral y a la composición de la Asamblea Nacional sin un proceso inclusivo de consulta previa".

******

La reacción del régimen chavista y de su aparato diplomático y de propaganda fue la de intentar desacreditar a la Misión Internacional Independiente calificándola como instrumento del "Grupo de Lima" y atacando la idoneidad profesional y personal de los juristas que la integranban. El informe de Bachelett del 25SEP20 hizo disparar nuevamente el aparato de propaganda chavista contra la chilena: "Sra @mbachelet, usted, como siempre, haciendo el recado y agrediendo el derecho de los venezolanos" tuiteó el ministro de comunicaciones Jorge Rodríguez.

El embajador de Maduro ante la ONU, Jorge Valero, afirmó ante el propio Consejo que el informe de Bachelet era una "hostil iniciativa" (…) "promovida por un reducido grupo de miembros de este Consejo". Valero omitía que el informe de Bachelet era presentado en cumplimiento de un mandato expreso del propio Consejo de DDHH mediante la resolución que el gobierno Maduro había promovido en 2019. El 01OCT20 Maduro solicitó una teleconferencia con Bachelet la cual fue calificada como "respetuosa" por la cancillería chavista pero de la cual no existió una versión de la oficina de la Alta Comisionada.

*****

Tras la divulgación de los cuatro documentos se desataron los usuales movimientos diplomáticos en procura de votos para aprobar una nueva resolución sobre Venezuela en el Consejo de DDHH.

Los enviados de Maduro intentaban que el Consejo aprobara una resolución que se limitara a confirmar el esquema implementado con Bachelet para una presencia limitada y controlada en territorio venezolano de funcionarios de la Oficina del Alto Comisionado de las Naciones Unidas para los Derechos Humanos. Curiosamente el proyecto de resolución favorable a Maduro fue presentado el 28SEP20 con el solitario apoyo de Irán, país que no formaba parte del Consejo. Ninguno de los amigos del régimen chavista que ese año integraban el Consejo se prestó para apadrinar inicialmente el proyecto pro Maduro. Cuba y China no formaban parte del Consejo de DDHH en el 2020.

Por otra parte, los gobiernos de Bolivia, Brasil, Canadá, Chile, Colombia, Costa Rica, Guatemala, Guyana, Honduras, Panamá, Paraguay y Perú presentaron el 25SEP20 un proyecto de resolución que se proponía extender por dos años el mandato de la Misión Independiente Internacional. Su aprobación sería una situación excepcional ya que el Consejo sólo había creado este tipo de misiones en casos de extrema crisis de violaciones de

DDHH. De 37 misiones creadas por el Consejo de DDHH en lo que iba del siglo XXI, sólo dos fueron dirigidas a países americanos, Honduras en 2009 y Venezuela en 2019, mientras las restantes correspondían a lugares de abierto conflicto en África y Asia. Los voceros del régimen chavista amenazaron suspender la cooperación con la oficina de Bachelet en caso de que fuera aprobada la renovación de la MII. Los aliados internacionales de Maduro se movían para intentar abortar esta resolución pero no contaban con los votos suficientes en el Consejo. La votación de las resolución tendría lugar el 06OCT20.

Ese día fue aprobada con 22 votos la resolución 45/20 mediante la cual el Consejo decidió "prorrogar el mandato de la misión internacional independiente de determinación de los hechos por un período de dos años, a fin de que pueda seguir investigando las violaciones manifiestas de los derechos humanos, como las ejecuciones extrajudiciales, las desapariciones forzadas, las detenciones arbitrarias, las torturas y otros tratos crueles, inhumanos o degradantes, incluida la violencia sexual y de género, cometidas desde 2014, con miras a combatir la impunidad y asegurar la plena rendición de cuentas de los autores y la justicia para las víctimas, y solicita a la misión que presente un informe verbal actualizado sobre su labor en un diálogo interactivo que tendrá lugar en los períodos de sesiones 46º y 49º del Consejo y que prepare informes por escrito sobre sus conclusiones para presentarlos al Consejo en un diálogo interactivo que se celebrará en sus períodos de sesiones 48º y 51º". Es decir, la MII recibió el mandato de presentar informes a lo largo de los años 2021 y 2022. Votaron a favor los representantes de Alemania, Argentina, Australia, Austria, Bahamas, Brasil, Bulgaria, República Checa, Chile, Dinamarca, Eslovaquia, España, Fiji, Islas Marshall, Italia, Japón, Países Bajos, Perú, Polonia, República de Corea, Ucrania y Uruguay. En contra de la resolución sólo votaron los enviados de Filipinas, Eritrea y del propio gobierno Maduro.

La extensión de la colaboración entre el régimen chavista y la Oficina de Michele Bachelet igualmente fue aprobada mediante la resolución 45/2 con tan sólo 14 votos.

*****

El gobierno cubano fue electo para formar parte del Consejo de Derecho Humanos de la ONU, ratificándose una vez más que esa instancia no es un club de defensores de DDHH. El Consejo, creado el 2006, es en realidad un campo de batalla diplomática donde regímenes sustentados en la violación sistemática de los DDHH procuran impedir denuncias en sus contra e intercambian favores políticos en procura de ocupar uno de los codiciados asientos.

El Consejo está integrado por 47 gobiernos que son electos en votación secreta por los 193 miembros de la ONU. El mandato de un país electo dura tres años y tiene derecho a presentar su candidatura para una única reelección. Las reglas permiten que un país permanezca seis años consecutivos y tras un año fuera del Consejo pueda nuevamente procurar su elección. De esta manera el régimen cubano y China han logrado sentarse en el Consejo de DDHH por doce años del total de catorce años en que ha existido esa instancia de la ONU.

A partir del 01ENE21, de los ocho asientos reservados para América Latina y el Caribe, cuatro de ellos estarían en manos de gobiernos asociados al eje castrochavista: Argentina, Cuba, México y el régimen de Nicolás Maduro que continuaba representando a Venezuela en la ONU.

47. EL ÚLTIMO INTENTO DE ESPAÑA

Al término de la reunión de ministros de Exteriores de la Unión Europea del 21SEP20 en Bruselas, Josep Borrell, el Alto Representante de la Unión Europea para Asuntos Exteriores, anunció que el Consejo de Exteriores había conversado sobre el "tema Venezuela" pese a no aparecer en la agenda.

Borrell informó a los ministros sobre sus gestiones "ante el gobierno de Maduro y los principales grupos de oposición" en procura de un acuerdo para la celebración de elecciones parlamentarias en condiciones internacionalmente aceptables. Para ese momento el gobierno Maduro insistía para que la UE enviara un grupo de observadores que convalidaran el proceso electoral. Pero la opinión generalizada en el Consejo de Exteriores de la UE era que en Venezuela no estaban dadas las condiciones para el envío de una misión de observación electoral cuya organización requeriría, además, de un mínimo de seis meses. Según Borrell, los ministros europeos lo autorizaron para "continuar esta negociación a fin de buscar la posibilidad de una elección que pueda ser observada por nuestras misiones" y agregó que "continuaremos acercándonos al gobierno de Maduro y a ambas partes de los grupos de oposición para ver cómo podemos ser útiles para una transición pacífica y democrática en Venezuela". En Venezuela, en tanto, la alianza partidista que respaldaba a Juan Guaidó como Presidente Encargado se negaba a participar en las votaciones legislativas, mientras el opositor Henrique

Capriles Radonski rompía la alianza inscribiendo candidatos para el 06DIC20 aunque condicionando su participación a la presencia de la UE.

*****

Borrell, con el respaldo de los gobiernos izquierdistas de España y de Argentina que participó en la reunión del Grupo de Contacto Internacional sobre Venezuela del 17SEP20 y, basado en una genérica aprobación del Consejo de Exteriores de la UE, optó por enviar a Caracas a dos funcionarios del Servicio Europeo de Acción Exterior. El gobierno español difundió una inusual fotografía en la cual el presidente de gobierno Pedro Sánchez compartía mesa con Borrell el 23SEP20 en un restaurante en Bruselas. La imagen y declaraciones posteriores del Ministerio de Exteriores español confirmaron que Sánchez estaba tras la jugada de Borrell. Tras ese encuentro en Bruselas, salieron hacia Caracas el vicesecretario general de Asuntos Exteriores de la UE y el director para América, Javier Niño Pérez y Enrique Mora respectivamente. El viaje de los dos funcionarios, realizado con especial sigilo, había sido coordinado con el gobierno Maduro a los efectos de permisos migratorios, seguridad y calendario de reuniones. La movilización de los emisarios era seguida de cerca desde el Departamento de Estado en Washington desde donde se criticó fuertemente la iniciativa de Borrell.

Las instrucciones de Niño y Mora fueron transmitir a los actores políticos en Caracas la opción de suspender las elecciones del 06DIC20 por un plazo mínimo de seis meses y abrir negociaciones para modificar las condiciones electorales atendiendo las exigencias de la oposición. Curiosamente el comunicado del Servicio Exterior sobre el viaje a Caracas, emitido el 30SEP20, sólo cita a Juan Guaidó de forma expresa como interlocutor limitándose a referir que los mensajeros se reunieron con "funcionarios del régimen, la Conferencia Episcopal Venezolana, la sociedad civil y el sector privado". Según la versión de la cancillería chavista, los funcionarios europeos llevaron "a cabo una agenda al más alto nivel con las instituciones del Estado venezolano y diversos actores políticos".

Diversas fuentes en Caracas y en EEUU confirmaron al Informe Otálvora que los enviados sostuvieron encuentros con Juan Guaidó y con Henrique Capriles Radonski quienes representaban dos de las posiciones que pujan dentro de los sectores democráticos, Guaidó rechazando la participación en las votaciones del 06DIC20 y Capriles promoviendo la participación pero haciéndola depender de nuevas condiciones negociadas. María Corina Machado, quien mantiene una sostenida línea de no participar en las elecciones y promueve una salida de cambio de régimen con respaldo militar extranjero, no fue contactada por los funcionarios europeos.

*****

Las gestiones de Borrell empujadas por los gobiernos de España y Portugal, que él presentó como un intento para mediar entre el régimen y la oposición, fracasaron ante la decisión de Maduro de no abrir negociaciones para el cambio de las condiciones electorales y negarse a un cambio de fecha. Además, la oposición alrededor de Guaidó mantuvo la postura de no esperar nuevas negociaciones con Maduro. En un comunicado del 30OCT20, Borrell debió confesar que "la política de la UE con respecto a Venezuela se mantiene sin cambios: actualmente no existen las condiciones para que tenga lugar un proceso electoral libre, justo y democrático". Las votaciones legislativas del 06DIC20 en Venezuela no serían reconocidas por buena parte de América y Europa.

******

El 12OCT20, Borrell informó al Consejo de Ministros de Exteriores de la UE sobre el fracaso de sus gestiones en Caracas y, al final de la sesión, la ministra española Arancha González Laya dijo a la prensa que su gobierno no apoyaría las votaciones convocadas por Maduro. "Las elecciones parlamentarias no reúnen los requisitos necesarios desde un punto de vista democrático. Si esas condiciones democráticas no se dan, no podremos reconocer los resultados", ratificó la ministra española. Los mandatarios de la UE celebraron una reunión ordinaria del Consejo Europeo los días 16-26OCT20 en el cual atendieron varios temas de política exterior sin que Venezuela apareciera en la agenda reflejando que Europa no tiene dispuesto un cambio de posición ante la crisis venezolana. El envío de una misión de observación electoral a Venezuela para validar las votaciones del 06DIC20 ya está totalmente descartado por la UE.

*****

Como consecuencia inmediata del periplo de los funcionarios de Borrell, Henrique Capriles, quien no logró mayor apoyo para su postura, habría retirado sus candidatos para las votaciones del 06DIC20.

La alianza opositora optó, como una decisión de la Asamblea Nacional, por convocar a una consulta popular que pudiera legitimar la continuidad del gobierno transitorio encabezado por Juan Guaidó más allá de la fecha constitucional de vencimiento de su mandato. "Continuidad constitucional" era el concepto esgrimido por juristas opositores. Inicialmente en esa consulta se preguntaría a los electores si apoyan "todos los mecanismos de presión nacional e internacional para que, en el marco de la Constitución, se realicen elecciones presidenciales y parlamentarias libres, justas y verificables, se ponga fin al régimen usurpador de Nicolás Maduro Moros, se salvaguarde al pueblo de Venezuela de la crisis humanitaria, la migración forzosa y los crímenes de lesa humanidad, y así se garanticen la paz, el bienestar y el progreso de los venezolanos" y si "rechaza el evento convocado por la dictadura de Nicolás Maduro Moros para el 6D, o para cualquier otra fecha, mientras no existan condiciones para elecciones libres, justas y verificables, y solicita a la comunidad internacional el desconocimiento de sus resultados". El debate dentro de la oposición en octubre del 2020 sobre la fecha para la cual sería convocada la consulta existiendo diversas posiciones: antes, después o el mismo 06DIC20.

48. AMERICA NO RECONOCE VOTACIONES

El 26OCT20 se produjo la primera advertencia concreta de acción militar de EEUU sobre Venezuela.

El representante especial del Departamento de Estado para Venezuela e Irán Elliott Abrams afirmó que "la transferencia de misiles de largo alcance de Irán a Venezuela no es aceptable para EEUU y no será tolerada ni permitida". En sus declaraciones para Fox News, Abrams se refería a la posibilidad de que Irán suministre misiles de largo alcance a su aliado el régimen chavista, hipótesis que había ganado fuerza ante los anuncios iraníes de reiniciar abiertamente sus ventas de material bélico. "Haremos todo lo posible para detener los envíos de misiles de largo alcance, y si de alguna manera llegan a Venezuela serán eliminados allí" dijo Abrams.

******

Las votaciones legislativas convocadas por el régimen chavista para el 06DIC20 no serían reconocidas por la mayoría de los países del Continente.

En la Asamblea Anual de la OEA, celebrada vía Internet el 20-21OCT20, fue considerada una resolución que condiciona el reconocimiento de cualquier elección que pudiera celebrarse en Venezuela. La resolución, aprobada por 20 de lo 34 miembros de la organización, con sólo cuatro votos en contra, estableció que "el reconocimiento de las elecciones a la Asamblea Nacional de Venezuela dependerá del establecimiento de las condiciones necesarias de libertad, justicia, imparcialidad y transparencia, garantizando la participación de todos los actores políticos y de la ciudadanía, la liberación de los presos políticos, con plazos razonables para su celebración y que cuenten con observación electoral internacional independiente y creíble". El título de documento, "La carencia de condiciones democráticas mínimas, para garantizar elecciones libres, justas y transparentes en la República Bolivariana de Venezuela" sintetizaba la valoración que la OEA hacía sobre el proceso convocado por el chavismo en su intento de renovar la Asamblea Nacional.

*****

La resolución de la OEA sobre Venezuela del 21OCT20 sumó los votos de Bahamas, Bolivia, Brasil, Canadá, Chile, Colombia, Costa Rica, Ecuador, El Salvador, EEUU, Guatemala, Haití, Honduras, Jamaica, Panamá, Paraguay, Perú, República Dominicana, Santa Lucia, Uruguay y de la representación de Venezuela. Sólo votaron en contra los enviados de Dominica, Nicaragua, San Vicente y las Granadinas y, Antigua y Barbuda. Se abstuvieron los restantes miembros: Argentina, Barbados, Belice, Granada, Guyana, México, Saint Kitts y Nevis, Surinam y, Trinidad y Tobago.

******

En medio de un cambio de jefes de misiones diplomáticas que involucraban a Cuba y Venezuela entre otras, el gobierno español de Pedro Sánchez optó por bajar el rango a su representación diplomática en Caracas.

Ya desde el mes de septiembre se conocía sobre el fin de las gestiones en Caracas del embajador Jesús Silva Fernández quien fue designado Embajador en 2017 por el gobierno de Mariano Rajoy. Silva, quien fue blanco de usuales ataques por el régimen chavista e incluso fue expulsado de Venezuela en 2018, regresó en noviembre de 2020 a cumplir funciones en el ministerio de Exteriores en Madrid. En su reemplazo ya había sido anunciado el embajador que encabezaba la misión diplomática española en La Habana desde 2018. En medios diplomáticos había circulado la versión según la cual España no solicitaría al gobierno de Nicolás Maduro el debido placet para Fernández Trigo. Esa decisión fue confirmada el 29OCT20 por la secretaria de Estado de Asuntos Exteriores y para Iberoamérica Cristina Gallach.

*****

El embajador Juan Fernández Trigo asumió la jefatura de la Embajada de España en Venezuela en condición de "Encargado de Negocios permanente" (e.p.) y no como Embajador. La decisión en términos políticos significaba un desaire a Maduro por cuanto la designación de Fernández sólo sería un trámite administrativo entre cancillerías y no un acto que involucraba a la jefatura del Estado. En términos diplomáticos, España se sumó a varios países europeos y latinoamericanos que han optado por mantener abiertas sus misiones en Venezuela pero con un nivel inferior al de Embajador como señal de un estado de "anormalidad" en las relaciones. España no reconocía el proceso electoral del año 2018 en Venezuela por lo que desconoce la legitimidad del gobierno de Maduro y no reconocería las votaciones legislativas convocadas para el 06DIC20.

El cambio de jefatura en la misión española en Caracas coincidió con la decisión del líder opositor Leopoldo López de abandonar clandestinamente la sede de la Embajada española donde permanecía refugiado desde el 2019. Sistemáticamente el régimen chavista se ha negado a otorgar salvoconductos para facilitar la salida del país a los perseguidos políticos que logran obtener la protección de misiones diplomáticas extranjeras. López arribó a Madrid el 25OCT20 recibiendo la protección del gobierno español y fue recibido por Pedro Sánchez el 27OCT20 en la sede del PSOE.

******

El 28OCT20 el gobierno español habría entregado a los representantes diplomáticos de Maduro una nota verbal de protesta. De esa manera el gobierno de España rechazaba los ataques vertidos por Maduro contra su embajador en Caracas. "El Embajador racista, colonialista y golpista, Jesús Silva, se va de Venezuela con plena garantía a su inmunidad diplomática. Es un funcionario involucrado en la planificación de la incursión marítima de la "Operación Gedeón" y en la fuga de Leopoldo López" había tuiteado Maduro previamente. Incluso a gobiernos como el español, que mantienen posiciones indulgentes con Maduro, les resultaba difícil llevar relaciones "normales" con el régimen.

Aparte de los ataques verbales contra el diplomático español, el régimen chavista encendió una nueva ola represiva con desapariciones forzadas, allanamientos de viviendas y apertura de procesos judiciales contra personal del gobierno interino y especialmente contra el periodista Roland Carreño, quien era un cercano colaborador de Juan Guaidó y a quien el régimen abrió un proceso judicial acusándolo de conspiración, financiamiento del terrorismo y tráfico de armas de guerra.

49. INCOGNITAS CON BIDEN

Sin esperarse al desenlace de la elección presidencial y sin que Donald Trump reconociera la derrota y el aparato del gobierno federal iniciara los trámites formales para la transición, Joe Biden designó el 10NOV20 a equipos de trabajo para cada una de las secretarias de Estado. El equipo encargado del Departamento de Estado lo encabeza la diplomática Linda Thomas-Greenfield.

Los nombres de quienes podrían acompañar a Biden, de concretarse su gobierno, ya comenzaban a circular en los mentideros de Washington y en medios de prensa. Incluso ya se habían hecho públicas algunas reacciones de malestar entre el ala radical de izquierda del Partido Demócrata a raíz de nombres que circulaban para ocupar posiciones cercanas a la Presidencia.

******

En relación a la conducción de la política exterior se daba como un hecho que el Penn Biden Center de la Universidad de Pennsylvania sería una fuente de candidatos para ocupar posiciones en el gobierno Biden. Se mencionaba a Daniel P. Erikson como probable responsable de la política hacia Latinoamérica desde la Casa Blanca quien estaría comandado por Antony Tony Blinken cuyo nombre se asomaba como potencial Secretario de Estado o Consejero de Seguridad Nacional. El estadounidense nacido en

Colombia Juan González igualmente aparecía entre los nombres de quienes serían operadores hacia Latinoamérica en un gobierno encabezado por Biden.

Blinken y Erikson y González comparten historia laboral junto al exvicepresidente Biden durante el gobierno Obama.

Erikson formó parte del equipo del gobierno de EEUU para el restablecimiento de las relaciones con Cuba y se involucró en tareas con Colombia y Centroamérica. En una entrevista divulgada por el portal argentino Infobae el 21AGO19, Erikson afirmaba respecto a Venezuela que "la presión económica aunque es muy importante no será suficiente para provocar un cambio en Venezuela", aunque mostrándose contrario a una intervención militar.

******

Tal como lo adelantara el Informe Otálvora del 14NOV20, Joe Biden señaló el 23NOV20 al diplomático Antony Tony Blinken como su futuro Secretario de Estado. Blinken, ha hecho carrera en el Departamento de Estado y en la Casa Blanca y luego de las elecciones del 03NOV20 había estado atendiendo los enlaces de Biden con mandatarios extranjeros.

El 24NOV20, aún sin haberse iniciado oficialmente la transición, Biden presentó colectivamente a quienes se propone designar como Secretarios de Departamento de Estado y de Seguridad Nacional, así como al Asesor de Seguridad Nacional, a la Directora de Inteligencia Nacional y a la representante permanente ante la ONU En su intervención inicial, Biden proclamó que "es un equipo que refleja el hecho de que EEUU está de vuelta, listo para liderar el mundo, no para retirarse de él". Cada uno de los designados realizó una breve exposición. Antony Blinken afirmó que EEUU debe "proceder con iguales medidas de humildad y confianza. Humildad porque, como dijo el presidente electo, no podemos resolver todos los problemas del mundo solos. Necesitamos trabajar con otros países. Necesitamos su cooperación. Necesitamos su asociación. Pero también confianza porque EEUU en su mejor momento todavía tiene una mayor capacidad que cualquier otro país del mundo para unir a otros para enfrentar los desafíos de nuestro tiempo".

*****

Comenzando el mes de diciembre de 2020, eran pocas las señales expresas sobre cuál sería la política Biden hacia Latinoamérica. La designación del cubano-estadounidense Alejandro Mayorkas al frente de la Secretaría de Seguridad Nacional parecía ser una señal de relevancia para el tema migratorio. En su intervención en la presentación del 24NOV20, Mayorkas dijo que "el Departamento de Seguridad Nacional tiene una noble misión, ayudarnos a mantenernos a salvo y hacer avanzar nuestra orgullosa historia como un país de bienvenida".

Tanto Blinken así como Jake Sullivan quien fue indicado como próximo Asesor de Seguridad Nacional, se han manifestado en entrevistas de prensa en los últimos años y en foros académicos, favorables a la política de sanciones contra el régimen chavista, pero el componente "diplomacia" pareciera que estaría fuertemente presente en la política exterior del gobierno Biden.

50.
CASTROCHAVISMO AVANZANDO

Las elecciones del 18OCT20 en Bolivia significaron la retoma del gobierno por la izquierda boliviana a manos de Luis Arce en representación de Evo Morales. Los actos de toma de posesión fueron marcados para el domingo 08NOV20 y se realizaron en ausencia de Morales. El expresidente viajaba ese día en un avión de la Fuerza Aérea de Argentina desde Buenos Aires a la frontera norte, presto para realizar al día siguiente, acompañado del presidente argentino Alberto Fernández, una operación de propaganda con su entrada a Bolivia.

En el hemiciclo del Palacio Legislativo en La Paz transcurrió al final de la mañana del 08NOV20 la ceremonia de juramentación del nuevo vicepresidente boliviano David Choquehuanca, quien adquirió el carácter de Presidente de la Asamblea Legislativa Plurinacional y, en consecuencia, juramentó a Luis Arce como Presidente de Bolivia.

Arce y Choquehuanca fueron ministros del gobierno de Morales. Choquehuanca tras ejercer como ministro de exteriores, en los años recientes se había residenciado en La Habana desde donde ejercía como Secretario de la organización intergubernamental castrochavista ALBA. Con la juramentación de Arce se concretó el retorno del castrochavismo al control de los más altos cargos del país.

*****

Tradicionalmente Bolivia ha sido visto como un país de baja relevancia geopolítica, pero en el actual ajedrez político internacional, se ha convertido en una pieza en disputa por sus yacimientos mineros y por su condición de satélite político de la alianza castrochavista creada por Fidel Castro y Hugo Chávez.

El 08NOV20 entre los contados ministros de exteriores que viajaron a la Paz se encontraba el canciller de Irán Mohammad Javad Zarif. La poco frecuente presencia del canciller iraní por Latinoamérica incluyó visitas a Caracas y La Habana donde sostuvo reuniones con Nicolás Maduro y Miguel Díaz-Canel, dejando saber la relevancia política que Irán le concedía a la retoma castrochavista en Bolivia. En tanto, el canciller de Maduro, Jorge Arreaza, permaneció tres días en La Paz y fue recibido en ceremonia especial por Arce el 11NOV20. Una de las actividades cumplidas por Arreaza en La Paz fue la reactivación de una oficina de la petrolera Pdvsa la cual, según analistas consultados, podría servir como parte del esquema internacional utilizado por el régimen chavista para evadir las sanciones petroleras impuestas por EEUU. Arreaza se trasladó a La Paz con un numeroso grupo de funcionarios quienes se encargaron de allanar la sede diplomática venezolana que permanecía bajo control de representantes de Juan Guaidó. Los muchachos de Arreaza igualmente organizaron un intento de escrache dentro del palacio presidencial contra el presidente colombiano Iván Duque.

El miércoles 11NOV20 el gobierno boliviano reinició relaciones diplomáticas con los gobiernos de Irán y de Maduro, mediante la recepción por Arce de las credenciales de los nuevos embajadores con las formalidades protocolares. Ese mismo día el canciller de Arce, Rogelio Mayta, recibió al encargado de negocios de Cuba en La Paz, Arcenis La O, para acordar el descongelamiento de las relaciones y el pronto cruce de embajadores.

*****

Los resultados electorales en México del 01JUL18 con la victoria de Manuel López Obrador, del 27OCT19 en Argentina con la victoria del kirchnerismo con Alberto Fernández y Cristina Kirchner, del 25OCT20 en el plebiscito en Chile para redactar una nueva Constitución y del 18OCT20 en Bolivia con el retorno del MAS a la presidencia, más la participación del partido Podemos en el gobierno de España, y la continuidad del régimen chavista en Venezuela, servían de contexto para una ofensiva del castrochavismo.

La alianza izquierdista continental trabajaba a finales del 2020 para rodear las votaciones convocadas por Maduro para el 06DIC20. Igualmente hacían planes para conquistar las presidencias de Perú y Ecuador donde habrían elecciones el 07FEB21 y el 11ABR21, además de mantener un clima de tensión social en Colombia con vistas a los comicios del 29MAY22.

Los candidatos presidenciales castrochavistas de Perú y Ecuador, Verónika Mendoza y Andrés Arauz, formaron parte de los líderes de izquierda que se concentraron en La Paz el 08NOV20. Arauz, el candidato presidencial de Rafael Correa, acompañado de sindicalistas de su país incluso viajó al interior de Bolivia para sumarse a Evo Morales con quien compartió tribuna en una masiva concentración realizada el 11NOV20 en Chimoré, Cochabamba. Morales estaba convocando con carácter de urgencia a un "encuentro internacional de pueblos indígenas y organizaciones sociales" que se realizaría en Cochabamba. Morales, fuera del palacio de gobierno, pareciera que estará encargado de liderar las acciones políticas hacia Ecuador y Perú con el apoyo del gobierno de Argentina.

*****

La agenda inmediata de los gobiernos castrochavistas buscaba la reactivación de Unasur, con el alto apoyo del gobierno de Argentina donde probablemente sería abierta una oficina de la casi extinta organización suramericana. Ya en Buenos Aires se encontraba la estatua de Néstor Kirchner que había sido develada el 05DIC14 en la sede de Unasur en las afueras de Quito y que fue retirada cuando Ecuador optó por abandonar el organismo y solicitar la devolución del edificio. La localización de los archivos oficiales de Unasur se ha convertido en un verdadero misterio tras el cierre del edificio. El Informe Otálvora ha consultado a funcionarios de diversas cancillerías suramericanas y existe un total desconocimiento sobre el destino de esos depósitos de documentación. Algunas fuentes han señalado que los archivos de Unasur habrían sido trasladados subrepticiamente a Argentina pero esta versión no ha sido posible confirmarla.

Las declaraciones de Morales a su regreso a Bolivia sugerían que Bolivia junto a Argentina y México, seguramente con apoyo de algunos gobiernos caribeños y algunos parlamentarios estadounidenses, se disponían a entorpecer y desprestigiar la gestión de Luis Almagro en la Secretaría General de la OEA incluso para procurar su renuncia.

******

Pese a que el gobierno boliviano saliente extendió invitaciones a todos los jefes de Estado con los cuales mantiene relaciones, sólo cuatro comparecieron a los actos. En uno de los balcones de la sala del parlamento fueron acomodados el rey Felipe VII de España junto a los presidentes de Colombia y Paraguay, Iván Duque y Mario Abdo Benítez. En el balcón contiguo estaba el presidente argentino Alberto Fernández y el vicepresidente segundo de España Pablo Iglesias, los dos miembros del denominado Grupo de Puebla, aliados extranjeros de Evo Morales y quienes convenientemente fueron acomodados uno junto al otro, sirviendo de símbolo a la confluencia en Bolivia de figuras del castrochavismo internacional, autodenominados ahora como progresistas.

La inusual presencia de Iglesias como parte de la delegación española sirvió para su lanzamiento como figura relevante de la izquierda que opera a ambos lados del Atlántico. El hecho de que la delegación española estuviera encabezada por el rey Felipe VII acompañado de la ministra de exteriores Arancha González Laya, hacía redundante la inclusión de Iglesias entre los viajeros. La composición de la delegación no está en manos de la Casa Real sino del gobierno por lo cual la decisión de situar a Iglesias el 08NOV20 en La Paz debió ser tomada por el presidente del gobierno Pedro Sánchez, en lo que lució como una nueva concesión al socio político que ahora procuraba proyección política en tierras latinoamericanas. Previamente, a raíz de la llegada del perseguido opositor venezolano Leopoldo López a España, Sánchez optó por recibirlo el 27OCT20 en la sede del partido PSOE y no en el presidencial Palacio de la Moncloa para así no perturbar a Iglesias, de lo que él mismo se jactara en entrevista con el medio izquierdista bonaerense Página 12.

*****

En la última década Pablo Iglesias ha viajado a Latinoamérica en plan de asesor, contratista de los gobiernos castrochavistas, líder de un partido opositor español pero ahora podía hacerlo como un mandatario extranjero para celebrar con sus socios políticos. Previo a su viaje a La Paz, Iglesias acordó con algunos de sus compañeros del Grupo de Puebla y de la "Internacional Progresista" la emisión de una proclama contra "el golpismo de la ultraderecha" que circularía a propósito de su visita a La Paz. Iglesias quería comenzar a ser visto como un líder internacional y pidió que su declaración "en defensa de la democracia" fuera firmada por Dilma Rousseff, Alberto Fernández, José Rodríguez Zapatero, Rafael Correa, Evo Morales, el griego Alexis Tsipras, el candidato colombiano Gustavo Petro, el chileno Daniel Jadue y el francés Jean Luc Melenchon. Al parecer Iglesias estaría promoviendo la conformación de una nueva alianza partidista de izquierda que sumaría a los "progresistas" de ambos lados del Atlántico, una suerte de Foro de São Paulo bicontinental.

Como parte de su agenda partidista en La Paz, Iglesias se reunió con los candidatos castrochavistas la peruana Verónika Mendoza y el ecuatoriano Andrés Arauz. Iglesias igualmente cenó con el argentino Alberto Fernández con quien discutió planes conjuntos de acción internacional.

51. DICTADURA NORMALIZANDOSE

El 06DIC20 se congregó en Caracas decenas de activistas extranjeros de izquierda movilizados por el gobierno Maduro. El desconocimiento internacional al proceso de votaciones legislativas intentaba ser compensado con la presencia de aliados políticos que se convirtieran en "testigos" de las votaciones convocadas por el régimen para elegir a los miembros de la Asamblea Nacional.

A Caracas llegaron desde luminarias de la izquierda iberoamericana hasta oscuros militares de partidos aliados como el PT de Brasil, el Frente Farabundo Martí de El Salvador, el Partido Revolucionario Democrático de Panamá, Partido Comunista de Suráfrica o el Izquierda Unida de España. En la lista de los VIP se encontraban el español José Rodríguez Zapatero quien pronunció una proclama a favor del régimen en la mañana del domingo pidiendo que la Unión Europea reconociera a la "nueva" Asamblea Nacional. Además estaban Evo Morales escoltado por el presidente del Senado de Bolivia y vicepresidente de las Federaciones cocaleras del Trópico de Cochabamba Andrónico Rodíguez, el paraguayo Fernando Lugo, el ecuatoriano Rafael Correa acompañado de su excanciller Ricardo Patiño, el hondureño Manuel Zelaya, la colombiana Piedad Córdoba. El gobierno ruso envió una numerosa delegación de funcionarios y parlamentarios que desplegó por diversas zonas de la país encabezada por un "Embajador en Misión Especial para asuntos de observación en elecciones de órganos públicos de los países extranjeros" llamado Vladímir Churov. Turquía, Cuba, China e Irán igualmente enviaron "delegaciones oficiales". En contraste, ningún organismo internacional envió misiones formales de observación internacional por lo cual el proceso electoral no contó con la participación y supervisión de técnicos independientes especialistas en procesos electorales.

******

Dado que la oposición venezolana no participó en el proceso, las votaciones realizadas por el régimen no fueron auditadas. En las pantallas de las máquinas de votación, recién adquiridas y nunca auditadas, entre la oferta electoral aparecían partidos opositores cuyos símbolos y directivas habían sido usurpadas y entregadas a aliados del régimen. Varias de las alianzas electorales que compitieron bajo el ropaje de "oposición" en realidad estaban compuestas por siglas que habiendo sido arrebatadas a los legítimos jefes de los partidos eran ahora controladas por militantes que pactaron con el régimen su participación en las elecciones rechazadas por la Oposición.

******

Los resultados iniciales fueron emitidos en las primeras horas de la madrugada del 07DIC20 por la directiva del Consejo Nacional Electoral designada por el Tribunal Supremo de Justicia. Con sólo un 31% de participación el frente oficialista se adjudicaba el 67% de los votos. El restante sería reconocido a la variopinta colección de partidos de la "oposición" tolerada, permitida o incluso creada por el propio régimen. La baja votación no era motivo de malestar para el oficialismo porque su objetivo con el evento del 06DIC20 se había cumplido: crear la sensación de unas elecciones libres con las cuales otorgaría la condición de diputados a una abierta mayoría chavista que reemplazaría a los diputados de la Asamblea Nacional electa en diciembre de 2015 encabezada por Juan Guaidó.

El gobierno ruso emitió un largo comunicado en la tarde moscovita del 07DIC20 en el cual dejaba claramente expuesto el objetivo de sus socios en Venezuela. El texto firmado por la vocera María Zajárova afirmaba que los "observadores internacionales, incluidos los de la Federación de Rusia, que participaron en el acompañamiento del proceso electoral, elogiaron los esfuerzos de las autoridades venezolanas para organizar la votación de acuerdo con los más altos estándares de transparencia, democracia y seguridad sanitaria y epidemiológica". El texto comenzaba con una falsedad en tanto el rol de "observador" es expresamente rechazado por el régimen chavista quien sólo acepta la figura de "acompañantes". Según el gobierno ruso "aquellos que boicotearon las elecciones claramente no están preparados para la competencia abierta a través de la participación en procedimientos democráticos y prefieren luchas de poder inconstitucionales", reiterando el usual ataque de la señora Zajárova contra la oposición venezolana. Y finalmente la cancillería rusa afirmó que la "Asamblea Nacional renovada se convertirá en una plataforma representativa para un diálogo constructivo de todas las fuerzas políticas".

*****

El gobierno de Rusia, convertido en padrino internacional del gobierno Maduro, de esta manera convalidaba el proceso de votaciones del 06DIC20 en Venezuela. En una reunión sostenida el 05FEB20 en Caracas entre Serguéi Lavrov y las caras visibles de la "oposición" oficial, en presencia del canciller del régimen Jorge Arreaza, el ministro ruso se había mostrado satisfecho por los acuerdos alcanzados para participar en unas elecciones bajo el control del chavismo. El 05DIC20 la delegación rusa sostuvo una nueva reunión con los voceros de la "oposición" oficial que asumió a Rusia como suerte de garante de los resultados electorales. Entre los asistentes a estas reuniones resaltaban el ex socialdemócrata Timoteo Zambrano y el exchavista Henry Falcón quienes lideraban una de las alianzas partidistas que participaron en las votaciones del 06DIC20. Por cierto, Zambrano fue al menos desde principios del año 2016, cuando ejercía como virtual canciller de la alianza opositora Mesa de la Unidad Democrática, el principal articulador para introducir a Rodríguez Zapatero y a Ernesto Samper Pizano como supuestos intermediarios para un acuerdo político con el chavismo.

El 08DIC20 la vocero del ministerio de Exteriores de China, Hua Chunying,se refirió a Venezuela durante una rueda de prensa especialmente agresiva contra el secretario Estado estadounidense Mike Pompeo. "China cree que es un asunto completamente interno del pueblo venezolano celebrar elecciones a la Asamblea Nacional de acuerdo con su constitución y su ley. Esto no debe ser criticado sin sentido por ningún tercero. Es decir, el resultado de las elecciones venezolanas debe ser decidido por el pueblo venezolano, no por el señor Pompeo".

*****

El anunciado rechazo internacional al proceso electoral del 06DIC20 se confirmó en pocas horas. El gobierno del ecuatoriano Lenin Moreno emitió el 05DIC20 un comunicado en el cual adelantaba que no reconocería los resultados del proceso electoral venezolano que "viola la Constitución y está viciado de toda legalidad". Rápidamente se produjo una secuela de declaraciones oficiales de gobiernos que rarificaban su desconocimiento a los resultados anunciados en Caracas. La cancillería colombiana mediante un comunicado oficial, el canciller chileno Andrés Allamand mediante un tuiteo, el canciller brasileño Ernesto Araújo con un hilo de tuiteos, un tuiteo del ministro de asuntos exteriores de Canadá François-Philippe Champagne, un tuiteo del ministro chileno, un tuiteo de la ministra panameña Erika Mouynes y un comunicado de su despacho, un comunicado de Ministerio de Exteriores de Uruguay y un pronunciamiento del secretario para exteriores del Reino Unido Dominic Raab. Todos ellos desconocían los resultados del proceso electoral en Venezuela y en el caso del Raab ratificaba sin duda la continuidad del reconocimiento de Guaidó como "Presidente interino constitucional de Venezuela".

*****

En la mañana del 07DIC20 se realizaba en Bruselas una reunión ordinaria del Consejo de Asuntos Exteriores. Los ministros escucharon un informe del Alto Representante Josep Borrell sobre el proceso acontecido en Venezuela y sobre sus gestiones previas intentando provocar una suspensión de las votaciones para abrir un compás de espera para negociaciones entre el régimen y la oposición. Los ministros ratificaron la posición de la Unión Europea en cuanto a que las votaciones no fueron "libres, justas ni democráticas" y encomendaron a Borrell la redacción de un comunicado el cual fue distribuido a las pocas horas. "Lamentablemente las elecciones (...) se llevaron a cabo sin un acuerdo nacional sobre las condiciones electorales y no cumplieron con los estándares internacionales mínimos para un proceso creíble y para movilizar al pueblo venezolano a participar. Esta falta de respeto al pluralismo político y la descalificación y enjuiciamiento de los líderes de la oposición no permiten que la UE reconozca este proceso electoral como creíble, inclusivo o transparente, y sus resultados como representativos de la voluntad del pueblo venezolano".

Casi simultáneamente se dio a conocer un comunicado promovido por el Grupo de Lima que incluyó a Brasil, Canadá, Chile, Colombia, Costa Rica, Ecuador, El Salvador, Guatemala, Guyana, Haití, Honduras, Panamá, Paraguay, Perú, República Dominicana y Santa Lucía. El gobierno de Argentina se negó a suscribir el documento. "Reiteramos que los comicios carecen de legalidad y legitimidad porque fueron llevados a cabo sin las mínimas garantías de un proceso democrático, de libertad, seguridad y transparencia, ni de integridad de los votos, ni la participación de todas las fuerzas políticas, ni de observación internacional". En otro párrafo el Grupo de Lima ampliado hacía un llamado a los venezolanos "de todas las tendencias ideológicas y afiliaciones partidarias, para que pongan los intereses de Venezuela por encima y se comprometan de manera urgente a un proceso de transición, definido e impulsado por los venezolanos, para encontrar una salida pacífica y constitucional que lleve al país a unas elecciones presidenciales y parlamentarias libres, justas y creíbles, lo más pronto posible". El comunicado no hizo expresa referencia a Guaidó procurando contar con la firma de países caribeños.

En simultaneo, el representante del gobierno de Brasil en la OEA, en nombre propio y de sus colegas de Canadá, Colombia, EEUU, Guatemala, Perú y Venezuela (el representante del gobierno Guaidó), solicitó la convocatoria a una reunión extraordinaria del Consejo Permanente del organismo "con la finalidad de considerar la situación política en la República Bolivariana de Venezuela, en el contexto de la realización de las elecciones parlamentarias por parte del régimen ilegítimo de Nicolás Maduro". En la sesión sería sometido a consideración la resolución "Rechazo de las elecciones parlamentarias celebradas el 6 de diciembre en Venezuela"

El Departamento de Estado de EEUU emitió en la tarde del 07DIC20 un comunicado sobre el tema venezolano. "El régimen ilegítimo de Maduro en Venezuela organizó una farsa política que pretendía parecer elecciones legislativas. Afortunadamente, pocos fueron engañados. EEUU, junto con muchas otras democracias de todo el mundo, condena esta farsa que no cumplió con ningún estándar mínimo de credibilidad". Y aclara que "EEUU seguirá reconociendo al presidente interino Guaidó y a la legítima Asamblea Nacional. La comunidad internacional no puede permitir que Maduro, que está en el poder de manera ilegítima porque robó las elecciones de 2018, se beneficie de robar una segunda elección".

Durante el día 08DIC20, las cancillerías de los gobiernos parte del Grupo de Contacto Internacional realizaron consultas estimuladas por Josep Borrell. Al fin del día circuló un comunicado suscrito por Costa Rica, República Dominicana, Ecuador, Unión Europea, Francia, Alemania, Italia, Países Bajos, Panamá, Portugal, España, Suecia, Reino Unido y Uruguay mediante el cual esos gobiernos afirmaron no poder "reconocer los resultados de este proceso electoral como legítimos o representativos de la voluntad del pueblo venezolano". Argentina se negó a suscribir el pronunciamiento. Los firmantes alegaron que "no consideran que las elecciones a la Asamblea Nacional venezolana celebradas el 6 de diciembre hayan cumplido las condiciones aceptadas internacionalmente, como lo pedían el GCI y otros grupos internacionales. Tampoco cumplieron con las condiciones exigidas por las leyes venezolanas".

*****

El día 07DIC20 arrancó vía Internet, la consulta que la oposición se había propuesto en procura de una ratificación del mandato y el liderazgo de Juan Guaidó. Con un sustantivo apoyo extranjero pero con probables cambios en la dirección de la política exterior de EEUU, con un agotamiento de las herramientas de presión diplomática internacional en permanente clave de ritornello, con una débil capacidad de movilización y organización interna, con los plazos constitucionales del mandato de Juan Guaidó a punto de fenecer y dependiendo de interpretaciones jurídicas para revalidar su condición de Presidente Interino, con una población políticamente desmovilizada, la Oposición venezolana y la ruta de cambio político que encarnó Guaidó en 2019 estaban, al terminar el año 2020, ante un juego trancado retando a un régimen dictatorial que tendía a normalizarse con el respaldo de Rusia, China, Irán, Turquía y Cuba.

Burlington, Carolina del Norte, Diciembre 2020.